大展好書　好書大展
品嘗好書　冠群可期

大展好書　好書大展
品嘗好書　冠群可期

序　言

一幕悲壯的社會寫實劇

歷史，是先人活動的記載。我們要了解過去，瞻望未來，只有從研究歷史著手。

我國自黃帝立國以來，歷經夏、商、周、秦、漢、魏、晉、南北朝、隋、唐、宋、元、明、清，迄至民國肇建，已有五千年的悠久歷史。這其間不知經過多少時代鼎革以及人事代謝，也不知發生過多少驚天動地、引人懷思的事蹟。而這些史實俱經先民筆之於冊。因此，流傳至今之歷史典籍，浩如煙海，不計其數。

我們人生於數千年後的今天，欲熟知過去歷史之軌跡，誠非易事。是故，我們應從何入手，方能一窺歷史的堂奧呢？吾輩以為，其道無他，非讀《十八史略》無以為功。

《十八史略》一書係元朝曾先之從中國正史內，選取司馬遷史記、班固漢書、范曄後漢書、陳壽三國志、唐太宗晉書、沈約宋書、蕭子顯南齊書、姚思廉梁書、陳書；魏收後魏書、李百樂北齊書、催仁師後周書、魏徵隋書、李延壽南史、北史；歐陽修、宋祁唐書，歐陽修五代史，李燾、劉時舉宋鑑等凡十八部史書中，關乎風教之語而整理出來的一本歷史入門書。

本書所涵蓋的範圍相當的廣泛，上自黃帝，下迄宋末數千年之間的史實，均有非常詳盡的記載；而且它的內容更是包羅萬象，書中共敘述四五一七位歷史上有名人物的故事。這些人物包括聖君、賢相、佞臣、英雄、名士、美女、毒婦……等，他們的個性個個鮮明，無不躍然紙上。因此，我們若能精研本書，相信對古聖先賢必能有所認識；甚至對人類整個進化的過程與變遷，也可獲得基本的概念。

從這些歷史人物的身上，我們可以發現他們的長處與缺點，亦可以明白君臣間的相處進退之理。這些前人的智慧是我們取之不竭、用之不盡的寶藏。

像這樣一部由長久時間與廣闊空間所交織而成的史書，可以說是人間舞台上一幕悲壯社會寫實劇的呈現。我們在台下靜靜地聆賞之餘，必能獲得一些啟示。

本書主要目的在於藉古人的智慧作為行為處事的基準，一方面可作為人生修養的指南，另方面又提供企業經營者營運時的參考。

歷史的史實或許不會重演，但歷史的原理，歷史的模式則不斷地反覆著。我們只要能把握這些原理原則，那麼，就可以鑑往知來了。是以，身為炎黃子孫的我們，對於前人這部智慧結晶的史籍，應該仔細地閱讀。

目錄

1 漢族撥亂反正的智慧

知人之明

中國五千年的歷史，是一部由「動亂與革命」所交織而成的血淚史；中華民族的內治，更是從不斷地「動亂與革命」中所孕育出來的智慧結晶。

中華民族和世上任何民族一樣，每個人都想追求崇高的地位、富裕的財產，以及眾口交譽的名聲；而且每個人為達成這些理想和目標，都竭盡所能地付出相當大的代價和心力。

然而，他們也都了解，假使理想變成事實時，這些功名富貴必將如海市蜃樓、鏡花水月般地虛幻而不實在，也必像過眼雲煙般地一下子消失得無影無蹤。因為，國家一旦發生亂變，社會動盪不安的時候，首當其衝受害的，就是擁有高位厚祿、赫赫聲威的達官貴人之流。

在這種情況之下，乃造成漢族特有的憂患意識和虛無感。為了彌補這些缺憾，任何人必在現實生活之外，尋找某些足以讓精神有所寄託的東西。那麼，這些東西是甚麼？

經過一次又一次地歷史實驗，終於獲得一個結論，那就是——「人除了自助之外，別無他法」。法國人亞蘭曾說過一句帶有諷刺性的格言：「世上再沒有比人類更有用、更美好的東西；而世間最大的不幸，也是來自人類。」

這就是在亂世時代，「知人之明」所以受重視而被視為是撥亂反正的智慧之筏的原因了。若此，應該根據什麼才能做到「知人之明」呢？

第一，要觀人相。

如果要對人相學加以詳細論述，那足可發行好幾本單行本。在此，茲以基本觀念作為說明。

所謂觀人相，就是要判斷對方是福相或是凶相。同時，應把握一項原則，亦即若對方面帶福相，即使目前窮困潦倒、卑微低賤，但可預見其將來必是飛黃騰達，是以應樂與之接近。相反地，若對方面露凶相，即使當下位居人極，家財萬貫，但難免會有大禍臨頭的一天，因此，為避免日後受其牽累，最好與之保持距離。

第二，要觀出處進退之退。

第三，要觀察應對辭令，即所謂言談舉止得體與否。

第四，要觀察其是否具有道德修養。

顯示人心善惡之「退」

為什麼要看一個人出處進退時的「退」呢？因為這時候最能顯露其人心地之好壞。退時，應完成兩項步驟：

其一，要退之前，先遴選接棒的人。這原是理所當然之事，但對一個曾在公司中擁有一席之地的人來說，欲令他不再插手過問內部業務，而使後繼者毫無阻礙地放手去做。讓自己完全置身其外而甘於被遺忘，則恐非如口頭上所說的那麼簡單了。

另外，必須破除對工作的執著。

一個人往往在離開崗位之後，才發現到工作在自己生活領域中所佔的份量是如此之大，以致感到愕不可支，而對未來產生茫然無所適從之感。

然而，世界上的任何事情都是有始有終的，天下也沒有永遠不散的筵席。在人生舞台上，不論自己所扮演的是何等角色，是播種者，是觀賞者，抑是收穫者，人與人之間的相處關係，或所接觸的任何事物，無非都是一時的風雲際會而已，當曲終人散的時候，每個人都要退隱幕後，等待下一齣戲的出場。

只可惜，人總是貪得無厭的，常常被名利的迷霧矇住了清明的心眼，而參不透世事無常這層道理。以致每每在播了種子之後，就期待馬上能看到開花，甚至收穫到豐碩的果實，致使對當時的處境眷戀不已，而難以割捨。

當然，這也是人之常情，無可厚非。但是，讓我們額手稱慶的是，那些處退時能夠當機立斷而急流勇退的英雄。

共享安樂的困難

在《十八史略》這本書裏面，曾介紹到一位對其個人出處進退作了最適當的安排，而讓世人一直津津樂道的典型人物，那就是匡扶越王勾踐而平定吳國的范蠡。

當范蠡滅了吳國以後，班師行至五湖之濱時，曾呈遞一封書信給勾踐說：「臣聞之：為人臣者，君憂臣勞，君辱臣死。昔者，君王辱於會稽，臣所以不死者，為此事也。今事已濟矣！蠡請從會稽之罰。」

這句話意思是說：「自古以來，當君王有憂患的時候，為人臣子的應當竭盡心力，以替君王分憂解勞；當君王受到恥辱的時候，臣子應該感到慚愧而以身殉國。從前，當君王在會稽山蒙受吳國羞辱時，微臣本來就該殉死，我所以不死的緣故，是因為夫差尚存，家仇國恨還沒有雪清。如今，吳國既然已經滅亡，那麼，微臣也可說是盡人事而達成願望了。對於過去在會稽之敗戰，微臣本來就應該受罰，所以現在微臣不打算進入越國，懇請陛下成全微臣，讓微臣離去。」

越王勾踐對這封突如其來的辭書，感到駭然不已，他萬萬沒想到范蠡會在此時此刻請辭，因此，他立即覆書說：

「所不掩子之惡，揚子之美者，使其身無終沒於越國。子聽吾言，與子分國！不聽吾言，身死，妻子為戮。」

大意是說：「消滅吳國，這是你盡心盡力的功勞。如果你有過錯，而我不為你掩飾；你有為善的事蹟，我也不替你彰揚，那我如何向全國老百姓交代，又如何立身處世於越國，你如果離去，那無非是置我於死無葬身之地。所以，我希望你善加考慮，我可以把越國的國土與你平分。如果你堅持要離開越國，那我就不得不誅殺你夫妻了。」

對於這番威脅利誘的語詞，心意已決的范蠡，絲毫不為所動，他毫無所懼地再呈上十個字：「臣聞命矣！君行制，臣行意。」

意思是說：「君欲令臣返回越國，這是國家的大法。但是，微臣不再入越國，想隱遁的意志，也是相當堅決的。此後，我們就各行其道，各盡本意吧！」

當這封信到了勾踐手中以後，范蠡已整理好行裝，攜著家眷，以及珠寶什物，駕著輕舟，浮遊於五湖四海而不知去向了。

所以，像范蠡這樣不依戀祿位，而隱遁以自適其志的舉動，真如冥鴻之高舉，遠而不可及，誠然可以列作古往今來明哲保身之冠。

范蠡離開越國後，他想到自己的摯友文種，此時仍留於越國任官，他擔心將來文種恐遭不測，因此，基於朋友之義，他寫了一封信規勸說：

「蜚鳥盡，良弓藏，狡兔死，走狗烹。越王為人，長頸烏喙，可與共患難，不可與共樂，子何不去？」

這句話意思是說：弓箭是為了射殺鳥類，才帶在身邊，等到鳥類全射盡之後，弓箭也派不上用場了，因此，便將它束之高閣，不再使用。同理，獵狗是為了追捕狡兔，獵人才攜之同行，可是一旦狡兔全死光後，獵狗也沒有利用價值了，所以，狠心的獵人，也不再顧念狗的忠義，而將牠宰殺，烹煮成為桌上的佳餚美味。越王這個人，長得一副長頸烏喙的相貌。在他身處困境的時候，他自然歡迎所有臣子都與他一起去克服困難；一到國難已靖，天下太平的時候，按理說，應當論功行賞那些與他出生入死的臣子，可是，越王器量不夠宏大，恐怕很難允許他人與他共享安樂。所以，我勸你早日離開越國，以免日後遭受殺身之禍。

所謂長頸烏喙相，是指具有「細長的脖子，以及像烏喙一樣尖銳而顏色呈黑紫色的嘴唇」二種特徵的相貌，通常，這是一種屬於獨佔慾旺盛，並且猜疑心強烈的相。

范蠡唯恐文種信不過自己的話，因此再三向他強調說：「面露這種殘酷無情相貌的人，你可以和他共赴患難，但千萬別奢望能和他共享榮華富貴。我敢保證，在不久的將來，您必會受到迫害。所以，為您的身家性命著想，我勸您最好學我，趁早離去。」

文種看過這封友人寄來的信後，內心思潮澎湃，感觸良多。對於范蠡所提出的忠告——越王為人殘忍，雖然心頗有戚戚焉，也很想罷官辭歸，步范蠡後塵而去。只是，在一時之間，他仍然無法以快刀斬亂麻的決心，壯士斷腕的速度，來斬卻他與越王勾踐間的君臣關係。換句話說，他依舊眷戀於高位厚祿而捨不得割棄。從這點，也正足以反映出人性弱點之難以克服。同時，他又患了一項最嚴重的錯誤，使自己招致殺身之禍，那就是——

他佯裝生病，經常不上朝治理國事。此一舉措，以他聲望之隆，地位之高，自然格外令人側目，而引起各界紛紛猜測，流言蜚起。這種情勢，對他來說，是相當不利的。因為，這正給予一些小人可乘的機會，這也是自己聰明一世，糊塗一時所帶來的惡果，正所謂天作孽猶可違，自作孽不可活。

原來，自從范蠡離開越國以後，文種即以第二號功臣，一下躍居宰相地位，位居人臣之極，此時，正是一人之下，萬人之上，自然官場得意，志氣昂揚，不可一世。相對地，所謂樹大招風，官大擔險，當一個人的官位做得太高的時候，必定容易惹出一些意外的敵人。

文種正面臨這種情況，他身邊多的是妒忌他的小人。這些人終日千方百計地想陷害他，現在，好不容易逮住這個難得的機會，自然不會輕易放過，於是，他們不斷地向越王進讒言說：

「昔日文種輔弼君王，消滅吳國，榮登霸王寶座。他自以為功勞蓋世，無人能比，理應受到特殊優渥的恩典，或封領一部分國土。然而，事實上並未如他所願，因此，在失望之餘，他對大王一直懷恨在心，無時無刻不處心積慮地圖謀報復。他最近連連稱病不上朝，其實是佯裝的。據說，他現在天天蟄居家中，秘密地進行叛亂的準備。臣等深恐大好江山為亂臣賊子所謀，所以不得不上陳直言，懇請陛下早日設謀，以除後患，則此不啻陛下洪福，亦全國百姓之福也。」

所謂眾口鑠金，正是此理。原先，越王勾踐對這班人的陳言，根本不予採信。但是，他們毫不放鬆地，一而再，再而三地進言不已，終使得越王信心動搖，對文種起了疑心。

越王最後以文種謀叛，心生異心的罪名，賜一把劍令其自刎說：「子教寡人伐吳七術，寡人用其三而敗吳，其四在子，子為我從先王試之。」

大意是說：「你提供寡人七種策略去討伐吳國，結果，寡人只用了其中三種，便把吳國消滅，剩下的四種，就請你帶到黃泉路上，代寡人教教先王吧！」

文種接到這把劍及聖旨後，有如晴天霹靂般地令他顫慄不已，同時，也深深懊悔當初沒有聽從范蠡的勸告，落得今日這般下場，真是罪有應得。於是，他悔恨不迭地伏劍而亡。

看過這般歷史記載之後，誠令我們不勝唏噓之感！而當今世上，在一般企業或行政機關內，部屬與上司之間，仍不乏此種例子，因此，使我們意識到「可與共患難，不可與享樂」，真是千古不移的定理。

第二號人物的立場

自古以來，許多英雄豪傑都是相當地絕情和現實的。當他們需要用人的時候，對環繞在他們左右的臣子或部屬們，必然非常重視，甚至稱兄道弟，同枕共眠。可是，一旦功成業就，立穩自己基業以後，便會翻臉不認人，將當初視為股肱的得力助手，一一予以殺害、清除。

越王勾踐如此，漢高祖劉邦也是如此。

一般說來，英雄多半屬於獨裁者，而獨裁者的心量通常也不會很寬厚。當他們面對政治上的批評或攻擊時，不論這是來自敵人，或是親信，他一定會予以毫不容情的彈壓，以鞏固自己的權力與地位於不墜。當這股彈壓勢力過分猛烈時，難免會引起某些人士的反感，因而聚集在第二號人物的幕下，共商對策，同謀反動，以推翻這位獨裁者的壓迫。

所謂第二號人物，就是指一下任的獨裁者或統治者。

但是，如果當時的獨裁者察覺到這批人意圖不軌的行動後，自然會密切監視他們的舉動，然後在某個適當機會，先發制人，一個一個地予以殲滅，而首先受害的對象，必是第二號人物。因為擒賊先擒王，殺雞以儆猴。

綜上所述，文種之所以受害，是因為他的不智及眷戀祿位所致；范蠡之所以能保全性命，逍遙自在地遨遊於五湖四海，正拜了他能急流勇退的睿智所賜。而同樣都是越王勾踐奠立霸基的功臣，卻遭遇如此截然不同的命運，其中奧妙，全在於個人對出處進退的選擇。

由此看來，一個人的出處進退與其個人之生死是息息相關的。是故，不論任何人，在其立身處世時，對這方面的原理原則，宜以嚴肅的態度善加把握、應用，庶幾足以保身而不受害。

2 創業之才與守成之才

企業的四種痲疹

俗語說：「商場如宦場」，在政壇上，經常可以看到官員與官員之間，為了彼此的利害關係，而發生勾心鬥角、爭名奪利、互相傾軋等種種現象，而這些現象也同樣地出現於工商企業界中，如出一轍。

就如前文范蠡所指陳的「可與共患難，不可與共樂」的狀況，也是企業主管與部屬間常常面臨的問題。而且在企業經營過程中，時常會產生四種現象，這些現象正如同人類發麻疹般，是無一可以免疫的，我們姑且稱之為「企業的四種麻疹」。

第一是，虧損。

所謂人生不如意事，十之八九，世上沒有一個人永遠處在一帆風順的境遇，而不遭逆境的磨鍊；更何況是風險更大、競爭更激烈的企業經營？它豈有一開業，即一直大發利市，財源滾滾而來之理？否則，報上也不會常常登載某某工商鉅子，因周轉不靈，以致倒閉而逃之夭夭這類的新聞，或「經濟罪犯」這類的名詞。所以，我們可以了解到，在帳簿上出現赤字，是企業經營中無可避免的現象之一。

第二是，因漏稅而被檢舉。

當公司業績直線上升，盈餘利潤與日俱增，此時，營業稅相對地提高，因而備受稅務機關的矚目，並屢遭特別的查帳。另一方面，就企業經營者而言，為使股東能獲取更多的利潤，必會想盡辦法虛報稅額，來瞞騙稅務機關。然而，有時難免會遭到檢舉，以致東窗事發，反而要受罰更多的稅額。像這種情形，在企業經營中，也是屢見不鮮的。

第三是，勞資糾紛。

在企業結構中，勞方與資方是處於對立的局面，而他們常常各自為了本身的利益，從自己的立場，去要求對方付出更多，因此，當他們無法取得協調時，必然產生摩擦的現象。

等到白熱化現象逐漸冷卻之後，雙方才意識到這場爭執是毫無意義的。這種過程，就好比一對情侶，在失戀之後，才了解到戀愛的本質；也如同一場戰爭，在經過龍虎鬥後，才領悟到戰爭本身是極悲慘而可怕的。所以，勞資雙方應該認清一項事實：「與其耗費時間爭執，不如彼此冷靜地商量對策」，如此，或許更能推動企業的成長，而裨益雙方。

第四是，爭奪經營權。

當「虧損」、「漏稅」、「糾紛」三種問題，一一克服，公司營運步上軌道之後，接下來的難關，便是經營權的爭奪。這即是「可與共患難，不可與共樂」的最佳寫照。

在營運發生困境之際，每位投資人為使企業繼續生存下去，必會捐除己見，大家同心協力地為公司致勞，以度過危機。但是，逮及企業營運出現轉機後，每個人在名利心驅使下，又開始展開決策權或執行權的爭奪戰。換句話說，爭奪經營權或內部發生糾紛，大都出現於公司營運順利而業績良好的時候。

創業與守成孰難

唐朝有一位文治武功相當輝煌的開國君主，不論在延攬人才、接納諫言、治事謀略、氣度胸量等各方面，他一直是超人一等，獨步千古的，這位皇帝便是頂頂大名的唐太宗。他的治績向來是史家所津津樂道的，並稱他所統治的時期為「貞觀之治」。唐朝吳兢更撰寫一本《貞觀政要》，敘述他與群臣間論政的對話，以下便擇錄一則關於創業與守成這方面的對話。

有一天，他坐在龍座上，突然心血來潮地問身邊侍臣說：「帝王之業，革創與守成孰難？」

當時，身為宰相的房玄齡，首先發言說：「草昧之初，與群雄並起角力，而後臣之，創業難矣！」他認為，在還沒有開化的時候，因為必須和許多英雄一同起來角逐天下，然後使對方俯首稱臣，所以創業較難。

另外一位經常不顧生死，犯顏向太宗直諫的魏徵卻持相反意見，他說：「自古帝王莫不得之於艱難，失之於安逸，守成難矣！」他主張：自古以來的帝王，沒有不是從千辛萬古中而得到天下，又往往因安逸而失去天下，因此，守成較難！

古人常說：萬事起頭難。一個國家、一番事業、一件工作，在它剛開始草創的時候，莫不是由一些人貢獻智慧與心力，擬定計畫，而後付之於行動，再披星載月地除荊斬棘，經歷千番考驗，萬般折磨，如此一點一滴地累積各方面的經驗，才建立起事業的雛型。

是以，創業之難，的確如房玄齡所說的；然而，後起的繼承者，往往未曾經歷大風大浪的侵襲，一向生活在前代的福蔭之中，享受現成的果實，而無法體會祖先開創基業的艱辛，因此，終日揮霍，在所不惜，最後終於在聲色犬馬中，將前人好不容易建立的大片江山斷送掉，這實在是前人種樹後人乘涼的悲劇性結果。這麼說來，守成也並非易事。

對於這兩位大臣極端的看法，唐太宗明智地下總結說：「玄齡與吾共取天下，出萬死得一生，故知創業之難。徵與吾共安天下，常恐驕奢生於富貴，患亂生於所忽，故知守成之難。然創業之難，既已往矣！守成之難，方當與諸公謹之。」

因為房玄齡是唐朝的開國元勳，他隨著太宗一起出來打天下，出生入死，吃盡不少苦頭，才奠定唐代的江山，所以，他深深體會到創業的困難。

至於魏徵，則是太宗登基以後，方延攬來朝廷效命的一名大臣，其人為官，忠心耿耿，敢說敢當，對皇帝知無不言，言無不盡，經常拂龍鱗直諫而無所懼，甚至連皇上微言細行上的毛病亦敢直接指摘，其用意無非是希望君王更精勤於政務，使國家能夠在穩定中求茁壯、發展，因此，太宗對他是又敬又畏，賦予絕對的信任，對他所說的話，無不言聽計從。是故魏徵認為守成較難，完全是從實際從政及人生經驗中領悟出來的。

太宗接下來又說，你們兩人所說的話都是事實，一點也沒錯，不過呢，創業的困難已經成為過去，重要的是如何去把握未來，朕願意和諸位戰戰兢兢地，共同為唐朝的國運奮鬥，讓我們互勉吧！

從這番話裏，我們可以了解到，唐太宗所以成為一代明君，絕非偶然，而是其來有自。一方面由於他個人的英睿，能夠知人善任、察納雅言，廣量寬宏，再加一班忠誠的賢臣良將——如魏徵、房玄齡、李靖之流——的輔佐，因而造成唐代恢宏的開國氣象，而為萬世所景仰。

寫到這裏，順便提提唐太宗與魏徵間的一段小故事：

有一次，太宗正在宮中把玩一隻心愛的小鳥時，突然魏徵闖了進來，太宗深怕被魏徵看見了，又要遭受一番數落，可是，也來不及把鳥放回籠子裏，情急之下，便將牠塞進袖子裡，然後若無其事地接見魏徵。其實魏徵早就發現了，他也假裝不知道，坐下來與皇上談論國家大事，久久不去。太宗心裡卻急得不得了，擔心小鳥會悶死。等到魏徵離開以後，太宗趕緊從袖中拿出一看，小鳥已經魂歸奈何天。

太宗龍顏大怒，氣得發抖說：「我非把這個田舍翁宰掉不可！」獨孤皇后在一旁聽到這些話，忙問原由。太宗便如此如彼地述說一番，皇后聽完，立即換上禮服向皇上道賀。

太宗沒好氣地問：有什麼好賀的？獨孤皇后解釋說：皇上能得到魏徵這樣的忠臣，加上您又是如此地賢明，唐朝國運必然蒸蒸日上，豈不可賀？太宗聞言後，方才轉瞋為喜，放魏徵一馬，不再與他計較此事。

由這個故事看來，唐太宗的成功，不僅是因為魏、房之輩的輔佐，另方面也是因為有一位賢慧的皇后所致。

帝王之器

翻閱中國過去數千年的歷史，我們可以發現一項共通的法則，那就是：每個一個朝代的局勢在最混亂、最衰弱的時候，經常會有許多草澤英雄自民間竄升起來，他們打著推翻昏君暴政的旗幟，到處招兵買馬，糾集各地有志之士，共同開創革命大業。然後經過無數次的你爭我奪、打打殺殺的烽火場面後，終於產生一位勝者為王的開國君主，他接收前代的政權，取而代之，建立自己的王朝，這就是歷史上所謂的「鼎革時代」。如漢之劉邦、唐之李世民、宋之趙匡胤等等都是從衰世變亂中打出自己天下的皇帝。

當然，單憑一個人的力量，是無法成就豐功偉業的，他們身邊必有許多才智卓越、武功蓋世、能力超俗的賢士名將大力輔弼，才開創出一片璀璨的開國氣象。

譬如漢高祖身邊的三位開國元勳蕭何、韓信、張良，以及唐太宗左右的功臣李靖、徐世勣、房玄齡等，這一班人物都是如眾星拱月般地竭盡己能，各為其主出力的英雄豪傑。假如漢高祖、唐太宗等沒有這些人的幫忙，恐怕也很難建立起漢、唐朝那樣壯盛的國家。

所以，俗話說：英雄造時勢，時勢造英雄，誠然半無虛假，在一個混亂的朝代裏，人才總是輩出的，而且，他們多半具有創造性、衝勁及堅忍的毅力。

不過，在國家社會經歷一場兵荒馬亂、動盪不安的情勢之後，軍民必然疲憊不堪，國庫空虛不足，處處滿目瘡痍，所以，這時候應該與民休養生息，重新建設家國，不宜再興兵打仗。因此，在這種狀態之下，最需要的領導人物，必須是屬於穩重、持平而守成之人。

如漢朝的文帝，他便是一位極了不起的皇帝，他深知這層道理，故而提倡黃老的無為之治，讓全國軍民都獲得充分的休息、治產，而他的繼任者景帝，也能繼續秉承他的遺志，使得國家在穩定中發展壯大，而為後來的漢武帝奠下不可撼搖的基業，同時，更使自己的治績光耀於史冊，此即史家筆下所稱讚的「文景之治」。

從這些歷史法則看來，從無到有，也就是在草創的過程中，雖然它所開的果實是炫爛而令人注意的，但這中間，卻是經過多少人拋頭顱、灑熱血，才獲此成就，其中的酸甜苦辣，唯有身歷其境的人方能體會出來。

所以，一般說來，開創者必須謹慎地遴選繼承的人，最好是選擇樸實無華，有恆心、耐心及能守成的人，否則，若挑出一位衝性頗強，或者和自己一樣具有創造性的人，則難保這個人不會做出孤注一擲的冒險事情來，到那時，恐怕自己好不容易打出來的天下會葬送於其手，而化為烏有。

另方面，後繼之人也應該體恤前人創業之艱辛，小心翼翼地保之，方不負前輩托付之用心及期望。至於在公司企業方面，對於「第二代的人」，不管自己喜歡與否，也同樣地被要求做到守成。因此，他們普遍呈現下列各種特徵：一、吝嗇；二、缺乏遠見；三、不信任他人；四、沒有膽識等等。

不過，也有人給予他們相當高的評價，認為他們的處境反比創業更為困難。因為在他們舉手投足之間，常會受到掣肘，同時更有自各方面的心理壓力，造成他們沈重的負擔。若能突破這些困境，開創出屬於自己的新天地來，則此人自是非同凡嚮之輩，自然博得聲聲喝采。

古人曾說：真正的勇者是指進時要具有一夫當關，萬夫莫敵的勇氣，但退時也要有守成的沈著毅力，換句話說，就是要能做到「創業與守成」，如此兩者兼備，方堪稱為第一流的人物。

3 惜福的功夫

富貴者多險

范蠡自離開越王勾踐後，即攜家帶眷，從太湖乘著小船出發，順長江直下，而浪跡到濱海的齊國，並改名換姓，自稱是「鴟夷子皮」。後來到了陶國，又改稱「朱公」。

漢書貨殖列傳裏，范蠡曾說：「計然之策，十用其五而得意，既已施國，吾欲施之家。」原來當勾踐受困於會稽山時，起用了范蠡及計然二人。計然訂立十條治國的策略，越王依之施行於全國，十年生聚，十年教訓，終於使勾踐不僅雪清了會稽山上所受的恥辱，同時並使越國成為春秋五霸之一。范蠡此時回想到當日情形，因此，有所感悟地說：「想當年在越國輔佐勾踐重建國家時，計然的十條策略，只用了其中五條，便使衰敗的越國富強起用，現在我何不把這些方法應用到治理家庭事業上面來？」

於是他開始治產積居，依時定宜，擇人任事，終於在十九年之中，三致千金。這時，他又開始行起慈善事業來，他把所有的財產分散給那些貧窮的親朋好友。後來年紀大了，他便將產業交給子孫去治理，自己退居幕後充當顧問，這些子孫也頗為爭氣地努力增產，因此，又使家產累積至巨萬，富貫敵國，這便是後人以「陶朱公」比喻富者的由來。

而貨殖列傳上又說：「父子治產，至數千萬。齊人聞其賢，以為相。」范蠡成為首屈一指的百萬富翁後，他的名聲不脛而走，人人皆仰慕他的賢能以及在越國的治績，各國爭相聘用他，齊國並以宰相之職重託於他，在一番考慮之後，范蠡接了這個職事。

於是，他再度施展其特有的政治才華，大刀闊斧地改革吏治，在數年之間，又使齊國成為強國之一，因此，他的聲譽扶搖直上，遠近馳名。

如果依常人的想法，這時候的他應該可以好好安享榮華富貴，然而范蠡畢竟是范蠡，他卻不如是想，而感嘆地說：「居家致千金，居官致卿相，此布衣之極也。久受尊名不祥。」

他覺得，此刻雖然家擁千金之資財，位列卿相之要職，這些誠然是一般老百姓夢寐以求的最高榮譽；但是，功名富貴不過如水上浮漚一樣，稍閃即滅；此時若不作退身之計，仍眷戀於財富名位，將來一旦失敗，則後果恐不堪設想。於是，他為明哲保身，「乃歸相印，盡散其財，懷重寶間行，止於陶。」

這就是范蠡可貴的地方，每當事業全盛的時候，他便能毅然引退，因此留給後人無限的追慕與稱讚，而自己也保得安全。

這種處世之道，恐怕不是普通人能輕易做得到的。因為一般人無不貪圖高官厚祿，並且時時刻刻不擇手段地想要獲取它，等到這些希冀的東西全到手之後，便露出一副趾高氣揚，不可一世的模樣，甚至仗勢欺人，因此，必然遭受他人的嫉妒怨恨，而替自己招來不幸事件或殺身之禍，此即俗話所說的「富者多憂，貴者多險」的道理。

惜福的功夫

古語說「享福是消福」，一個人若擁有許多金銀珠寶，卻放縱自己任逸奢靡，不加以節制，那麼，福報受盡的時候，又將淪為貧窮的地步，這是人世物極必反的法則，亦即富極則窮，窮極則富。所以，當身處在福之中時，不僅要能知福，而且更要懂得惜福，如此，福報才能綿遠而長久。

民間曾有這樣一段傳聞：有一位因經商而致富的巨賈，他家財萬貫，堪稱富甲天下。在一般人想像之中，他一定住在豪門深院，裏面擺設富麗堂皇，並且維有三妻四妾，置無數的家丁奴婢，供其使喚。然而，反乎常情的，他變賣所有的財產，將所得資金全部捐贈，救濟社會上孤苦無依的老人及孤兒，自己帶著妻子及子女遷到一個窮鄉僻壤的地方，過著清苦而簡樸的生活。有人不免好奇地問他：為什麼這麼傻，放著富貴不享受，卻到這個地方受苦？

他回答：回想自己一生，一直是順順利利的，憑著多年的攢營，才稍有積蓄。可是，每當午夜夢迴之際，在不斷地反省與深思後，卻悚然於先人禍福無依，人世無常的教訓，今日的福澤，未必不是將來災禍的根源。是故為了杜災避禍，才搬到此地，過著與世無爭的日子。

從這段自白裏，我們看到了一個惜福的典型人物。

英國牛津大學金斯博士曾說：「宇宙間有一種均衡的法則，所有星球均依此法則活動。」中國老子也說：「禍兮福所倚，福兮禍所伏。」在利害得失之間，本來就沒有絕對的界限，而是相倚相生。人若能了然於此，自會視富貴如浮雲，棄之如蔽屣，如此，無論身處何地，必然心安理得，而無須擔憂有朝一日會禍從天降了。

總之，在為人處世方面，應當記取古人「功成身退」的明訓，如此一來，可避免別人的嫉妒，再者更能受他人的敬重。

狡兔三窟的教訓

如前所述，中華民族對財產、地位、名譽的看法是，能夠獲得這些東西，固然令人羨慕；但從另個角度來看，無形中也會變成一項很沈重的包袱，甚至危及身家性命，所以，一般知識分子多半抱持淡泊名利的人生觀，希望過著與世無爭的閒適生活。

然而，翻開中國五千年的歷史，其中長達五十年至一百年「動亂」的史實，是屢見不鮮的。這是一個經常改朝換代的國家，但不管經過多少朝代的興替，也不論如何被異族所征服，中華民族卻始終沒有分裂過，而持續迄今，延綿不絕。由此可見，這是一個具有強大包容力及堅韌力的民族。

戰國策齊策中記載：「狡兔有三窟，乃得免其死耳！今君有一窟，未得高枕而臥也，請為君復鑿二窟。」此為戰國時代馮諼對孟嘗加所說的話。

大家都知道，孟嘗君好客，幕下食客有三千，馮諼便是其中之一。有一天，孟嘗君派馮諼到薛地收債，結果，他到了以後，聚集所有的債務人，當場放一把火把借據燒掉，並說，這是孟嘗君的意思。薛地百姓聞言，無不感激萬分得拜了又拜。孟嘗君聽馮諼燒掉債據，大為震怒，立刻差使者去喚馮諼回來。馮諼到後，不慌不忙地解釋：「我為先生收了『義』回來。燒掉沒用的債券，丟了些收不到的虛帳，卻使得薛地的百姓從此更親近、仰慕您，又彰揚您的好名聲，何等上算！先生還懷疑什麼呢？」孟嘗君聽後，怒氣平息，並向他拱手致謝。

這個歷史典故，便是「狡兔三窟」中的第一窟。馮諼認為，一隻聰明的兔子，必須具有三個棲息的地方，才可以避免獵人的射獵。如今，孟嘗君雖贏得薛地人民的愛戴與信任，但尚不足以安枕無憂，因此，準備再為他鑿另外的兩窟，以免後患。

這個故事告訴我們，每個人應該將眼光看遠一點，千萬別被眼前的虛名所惑，要能事先未雨綢繆，計慮將來可能遭到的禍害，而預作周密的防範。

管鮑之交

俗話說：「人生得一知己，死而無憾！」的確，一個人奔波半生，然而於午夜靜思之際，難免要興「相識滿天下，知心有幾人」之嘆！歷史上常引用管仲和鮑叔牙（鮑叔）的交情，來比擬知己之交，但要真正達到那種程度太難了。他們相知到何種程度呢？請看史記的記載：

「仲字夷吾，嘗與鮑叔賈，分利多自與。鮑叔不以為貪，知仲貧也。嘗謀事窮困，鮑叔不以為愚，知時有利不利也。嘗三戰三走，鮑叔不以為怯，知仲有老母也。仲曰：生我者父母，知我者鮑子也。」

管仲感慨地說：「當我窮困的時候，與鮑叔牙同作生意於南陽，分財利每多自取，鮑叔不以為我貪，知吾家非常貧乏，此受知一；鮑叔有事，我曾為之謀畫，但每多差謬，鮑叔不以我為愚，亦知時之有利有不利也，此受知二；我曾經三次戰敗而逃走，鮑叔不以我為怯懦，因為他知道我有老母在堂，不忍死也，此受知三；我曾經三仕三見黜逐，鮑叔不以為我不肖，因為他知道我尚未逢時也，此受知四；我與召忽同奉公子糾，當子糾被魯國所殺時，召忽自殺盡節，我卻貪生投降，幽囚而受辱，鮑叔不以我為無恥，因為他知道我不以不死小節為恥辱，而是在乎功名未能顯揚於天下，此受知五。」

這五種受知，在世人眼看來，無不認為是貪，是愚，是怯，是不肖，是無恥。然而唯有鮑叔牙獨具慧眼，知道管仲賢能，將來必大有可為，這才是真正的知己。所以，管仲晚年就說：「生我的是父母，知我的卻是鮑叔！」

以上是就管仲之受知於鮑叔牙而言，至於管仲又了解鮑叔牙到什麼程度呢？根據史書說，管仲臨終前，齊桓公問他，可不可以讓鮑叔牙來接替他的職位，管仲卻答說不可以讓鮑叔牙當宰相。

照常情講，鮑叔牙一生都在照應管仲，此時應是他圖報的最佳時機，但他還說不可以，好像管仲不夠朋友。其實他自有他的道理。管仲對齊桓公說，你不要害鮑叔牙了，他這個人的人品相當清高，氣度也很大，可是卻嫉惡如仇，一個當宰相、主管的，要能藏污納垢，而鮑叔牙第一個毛病就是太好、太清了，不能包容壞的一面，如把政權交給他，害了你齊桓公，也害了鮑叔牙。

鮑叔牙聽到這席話，內心非常欣慰，認為只有管仲懂得他。朋友之間能夠相知到這樣，真是談何容易呀！

希臘哲人普爾塔克曾說：「幫助在窮困中的朋友，才是真正的友誼。」這也就是中國人常說的「患難見真情」。毫無疑義的，在人生旅途上，每個人難免都會有困厄乏頓的時候，此時除了需要家人的安慰以外，若能再獲得朋友的支持與關懷，則必如甘露之普潤大地。

真摯友情的可貴，在於彼此都能洞悉、了解對方的個性，因此能互相包容個人的優缺點，即使發生任何事情，也不容易遭到誤會，而留下介蒂。尤其，交友時要能以誠相待，肝膽相照。這樣的友誼，自然可以與管鮑之交相互輝映。

4 四時之序，功成者去

功成名遂時

古人曾說「英雄回頭亦神仙」，意思是，一個曾建立豐功彪勳的偉人、叱咤風雲的英雄，當他們事業達到顛峰造極的時候，應該急流勇退，交給後輩去做，然後隨意適志地做自己想做的事，那麼，這種生活便與逍遙自在的神仙生活就沒有兩樣了。范蠡之所以受後人景仰，就是因為他屬於這種人的緣故。

易經上有言「滿招損，亢龍悔。」一個人事情做得太好，成績表現太突出，就容易引起各方面的嫉妒、排擠，正如同茶杯內的水，若裝得太滿，就會溢出來。所以，為人處世，切忌太滿，應維持中庸程度即可。范蠡的處世態度，正是受了易經上這句話的啟示，他是「明哲保身」的一個典型人物。

同時，老子也一再地教我們在事業上要做到「功成名遂，身退，天之道也。」他說到人的最高道德修養就是效法天地。天地生長了萬物給人，但祂不居功，也不自我誇耀，更不想佔有。而且天地是平等的，好的壞的，無毒、有毒，祂都生長，沒有分別，只有生生不息，沒有要求還報。

因此，他又有句名言：「人法地，地法天，天法道，道法自然。」明示我們，人的胸襟、道德、氣度要能效法天地之道。

然而，從人性的弱點來看，當人一旦擁有功名利祿之後，反而變得更執著，更依戀這些東西，並且認為金錢、地位，是自己死後受人懷念與否的唯一關鍵，因此一生勞勞碌碌，不斷地鑽營，拼命地賺錢，有了還想獲得更多，永無停息、滿足的一刻。

所以，亞蘭說：「青年尋求戀愛，壯年尋求地位，到了老年，則更貪得無厭，金錢、地位、名譽，無一不尋求。」這句話真是把人性剖析得淋漓盡致。

戰國時代，魏人范睢向秦昭襄王獻「遠交近攻」的計策，因而受重用而拜相。

但到了後來，秦王對他起了疑心，有意疏遠他時，范睢卻依然眷戀於當時所擁有的權勢，一時無法斬卻，致使自己苦惱不已。這時，好友蔡澤提出忠言：

「四時之序，功成者去。」

意思是說，春夏秋冬四時，在完成自己作用之後，便會依續離去，循環不已。例如春天使萬物萌發，夏天使萬物成長，秋天使萬物成熟，冬天使萬物得以收藏，各個季節都默默地盡其責任，等萬物生長收藏依次完成之後，不發一言退去，天地便是如此有規律地更迭。在人事上，也應該效法天道，當功成名就之後，絕不可再戀棧地位，應該毅然決然地讓位給後生晚輩。

范睢聽這句話後，才猛然覺悟，立即以體病為由，向秦王提出辭呈，並推薦蔡澤代替自己的職位。

隱逸出世的思想

研究中國歷史文化，常會發現一件事情：學問愈博，道德愈高的人，當社會國家發生動亂，或自己事業已經大功告成的時候，多半會選擇隱逸的路線，在大自然和田園山林中，享受恬靜悠閒的生活，甚至隱姓埋名，連自己的真姓名都不要了，例如，張良的老師黃石公，其人究竟是誰，至今沒有人知道。

像這一類的隱士思想，在中國，從上古以來，即一直存在，這是道家所走的路子。與此相反的另外一類人，即使已年近花甲之年，卻依舊念念不忘權勢祿位，佔住高位久久不讓賢，因此，常容易引起別人的訕笑與鄙視，更有甚者，往往由此而招忌，以致發生性命的危險。

所以，人一上了年紀，最好早點離開名韁利鎖的場所，以換取安逸而清閒的日子，同時無形中也替年輕人提供一位可以請益的長輩、顧問。

因為，人無論智慧多高超或才識多麼優秀，當他身歷某種情境中時，常會無法看清楚整個局勢，這是「緣身此山中，雲深不知處」的結果；然而，俟其跳開那股旋渦之後，便能由一個局外人的立場，對事情加以冷靜的觀察與分析，而做出客觀的判斷，這就是俗話所說「當局者迷，旁觀者清」的道理。所以，當到了該退休的時候，就應急流勇退。這並非意味著從此英雄無用武之地了，其實，他仍可以本著多年的閱歷和智慧繼續指導後進者。

一般而論，中國知識分子走隱士路線的人並非不再關心天下大事，而是非常熱心，他希望國家太平，希望老百姓生活過得好，不過所採取的方法，始終是從旁輔助他人，自己卻不出來做官，或者幫助他的朋友，他的學生成功。而等到天下太平了，他便消失得無影無蹤。這類人，幾乎每個朝代都有。

最有名的，如唐代的王通，在隋煬帝時，本來有志於天下，自己想出來做官，但覺得煬帝不是位有道明君，恐怕難以施展抱負，因此，便退而講學，培養年輕一代。如李靖、徐世勣、房玄齡、魏徵這一批唐代的開國元勳、文臣武將，幾乎全是他的學生，所以開創唐代國運與文化思想的，應以王通功勞最大。是故老一輩的人應該留意後輩青年，培養他們，提拔他們，等他們有了功業、學問和表現，自己坐到一邊，好像在欣賞親手灌溉出來的花，心裏自然欣慰無比。

而且研究史實發現，一般人等到知識比較豐富，頭腦思想比較完備的時候，由於年齡的增進，就缺乏一股衝勁；而身強力壯，衝勁十足的時候，往往學識又太欠缺，不能成事。所以，若能以老年人圓熟的智慧，配合年輕人榮譽感的衝勁勇氣，就會開創出新的歷史境界。

不過，年輕一輩往往覺得老年人的思想過於古板，不能趕上時代，也缺乏吸引力，因而予以輕視。事實上，老年人在飽經人事風霜的歷練後，才具備了圓熟的智慧和豐富的經驗。年輕人若能摒除成見，虛心受教，當可使自己輕浮的習性減輕，而增加厚重的成分，這是培養一個人個性上無可或缺的重大關鍵。

論語公治長第五曾經記載：

子在陳。曰：「歸與！歸與！吾黨之小子狂簡，斐然成章，不知所以裁之。」

孔子年過五旬之後，目睹國家社會動蕩不安，禮崩樂失，為了實施他的政治理想，開始周遊列國，遊說各國諸侯。但所到之處，無不受到排擠，其政治主張也沒有受到採用。所以，到了晚年的時候，他認為國家天下所以安定，必須要以教育文化為基礎，於是他決心回到自己的祖國講學。此時感嘆的說：回去吧！回去吧！

接著又說：魯國這些跟隨他的年輕人，胸懷大志，豪氣干雲，意氣飛揚，但容易犯輕狂、草率的毛病；而且常常把天下事看得太容易了，自己想到好像就做得到一樣。雖然文采不錯，卻不知道如何去仲裁。其實，學問之道，最難的是如何中肯裁取，像做衣服的技師一般，要把一塊布裁剪成一件合身而大方的衣服，這是一門不簡單的學問。

所以，孔子決心回到魯國，獻身於文教的千秋大業，把全副精神放在教育後一代上，以培養國家的根本。因為唯有青年才能力挽狂瀾，才能扶正傾圮的社稷。

孔子回到家鄉後，即開始升座講學，與弟子談論天下國家大事以及為政處世、做人的道理。到了晚年，他喜歡研究易理，並且孜孜不倦、廢食忘寢地研讀，終將整部易經的道理融會貫通。

他的門下共有學生三千人，身通禮、樂、射、御、書、數這六藝的弟子，則有七十二人。其中在品德修養方面最高超的，有顏淵、閔子騫、冉伯牛、仲弓這四個人；而口才特佳的，有宰我、子貢二人；政事方面則有冉有和季路；文學則是子游和子夏。這十年統稱為「孔門十哲」。

心自閒

李白的「山中問答」：

「問余何事棲碧山，笑而不答心自閒；

桃花流水杳然去，別有天地非人間。」

謫仙李白，天縱睿智，才氣縱橫，揮手為文作詩，洋洋灑灑，如飛瀑急湍之直瀉，毫無阻滯。年方英少時，他也有滿懷抱負，想為國為天下做點事，可惜時運不濟，一生懷才不遇，落拓江湖。

有一次，當他棲隱於某深山，優游於綠水之間時，一位俗客路過，頗為好奇地問他：「先生，看你滿腹經綸，應該出來為百姓服務，為什麼要隱居在這個荒山僻野中，浪費您的生命與時間呢？」

李白對他笑了笑，不發一言地輕搖羽扇，望著落花遍布的河水，一分一秒不停地向前流去，這一切，落花、流水，豈不正像人世間的功名富貴嗎？永遠不曾為人們駐足過。又有誰真正掌握住它？世上那有永恒的東西呢？何必為那些虛名浮利徒費心機？在這裏，日日有青山綠水作伴，有飛禽走獸為伍，沒有人事的紛擾，何等愜意！何等適志！這種生活恐怕連神仙也要羨慕不已，我又何必下山去沾染俗塵，矇蔽性靈呢？

在他的胸中自有一方廣闊的天空，一塊悠閒的天地，這豈是俗人所能了解的。

5 臨清流而賦詩

不如歸去

有關出處進退的懷鄉之詩中，當以陶淵明的「歸去來辭」最為出名。

陶潛，字淵明，潯陽榮桑人，東晉陶侃的曾孫。他從小就有高超不俗思想，學問淵博，言談舉止間均表現出不平凡的氣概。由於家中貧困，父母年紀又大，曾經擔任一州的咨議參政，但州祭酒做沒多時，就自動辭職回家了，而州政府又調派他擔任管文書的官吏，陶淵明也不幹。後來因為現實生活的逼迫，不得已再度出任彭澤縣令。

不久，郡守派遣一位巡察官到縣裏考察地方行政事務。因為來人權大勢大，縣衙裏的一些部屬，深怕怠慢了他，貽禍無窮，因此告訴陶淵明說：應該戴官帽，著官服，敬重地出去迎接督郵。

然而，陶淵明絲毫不作任何準備，並說：「我豈能為了微薄的俸祿，向這個田舍翁屈膝彎腰？」隨即辭官不幹。因作這首「歸去來辭」，來表白自己的心志。後來劉裕篡奪晉朝，陶淵明認為若再屈事劉宋是一種莫大的恥辱，所以，自此永不作出仕的打算。現在，姑將「歸去來辭」全文賞析如下：

「歸去來兮，田園將蕪胡不歸？既自以心為形役，奚惆悵而獨悲？」

陶淵明作澎澤縣令只有八十三日，其離田園未久，所以說「將蕪」，猶慶幸其尚未完全荒蕪；若再遲滯不歸，恐既蕪之後，歸鄉的美夢將成泡影了。人心中常因時變而百憂交集，由此看來，心誠不能自主，反為外界形體所役使。

其實，真正役使此心的，還不是自己！如果也能像別人一樣安於當縣令，又何須獨自悲愁而欲歸呢？

「悟已往之不諫，知來者之可追；實迷途其未遠，覺今是而昨非。」

我之所以惆悵欲歸，蓋因感悟從前之非，悔恨無及。居官就像人錯走路，還好只有八十三天，今日回頭，尚未為晚。至此才較明析分清是非，唯有歸去一途，方是上策。

「舟搖搖以輕颺；風飄飄而吹衣；問征夫以前路，恨晨光之熹微。」

解任之後，立刻乘船歸去，後來又改換路行。可是，路行多歧，只好向行人問前路，這時曙光微露，天色尚早。由於心意已明，所以歸心似箭；又因歸心似箭，所以離開得也快；因問路之難，故以晨光熹微為恨。

「乃瞻衡宇，載欣載奔；僮僕歡迎，稚子候門；三徑就荒，松菊猶存；攜幼入室，有酒盈樽。」

意謂脫然而歸，遙望故里的衡門屋宇，忍不住喜上眉梢，因此，狂奔而歸。到家以後，童僕聞主人已歸，皆欣然遠迎，正想開口問幼兒何在，他卻已等候在門首了。人幸粗安，只不知園田何如？連忙瀏覽三徑，雖然蕭條而即將荒蕪，不過，石上的松樹，籬邊的菊花，仍存在的。喜而攜幼入室，心想室中必然空無一物，不意尚有酒盈樽，真令人喜出望外而心滿意足了。

「引壺觴以自酌，眄庭柯以怡顏；倚南窗以寄傲，審容膝之易安。」

既然有酒，其他何足問？姑且引壺觴自斟自酌吧！更何況庭中樹枝垂垂相為掩護，還可供我聊視怡顏。我為五斗米折腰已經太久了，今天欣喜歸來，雖然沒有五斗米的薪俸，但倚著南窗也可以寄不折腰之傲了。雖說有衡宇之室，然私自忖度，即使僅有容膝之小的屋子，也足以安居了。

「園日設以成趣，門雖設而常關；策扶老以流憩，時矯首而遊觀。」

荒園有何雅趣呢？但只要日日遊涉其中，自然有佳趣；又慶喜無人相往還，門限雖設，而終日悠閒清靜，就像常關著一樣；我既身處于園中，眼又極于園之外，何等自由自在，無拘無束呀！

「雲無心以出岫，鳥倦飛而知還；景翳翳以將入，撫孤松而盤桓。」

前二句蓋言竟日遊涉園中，乃至天色將暮，倦鳥紛紛還巢。雖然暮色漸昏，自遠而近，以致無法遙覽，但仍撫蒼松盤桓，未忍捨去。

「歸去來兮，請息交以絕游；世與我而相遺，復駕言兮焉求？」

現在既歸而矢志終老於此地，永不復出仕。從今以後，凡世人往來交際應酬之事，一概謝絕！而交遊既絕，則世自世，我自我，而相遺棄，以不合時宜之人，豈再空談交遊之事，其意又何所求哉？

「悅親戚之情話，樂琴書以消憂。農人告余以春及，將有事於西疇。」

與親戚話家常，也絕口不談世事，但以琴書為樂，尚友古人，不待排遣而自消矣！農友告訴我，春天一到，又要開始耕作了。

「或命巾車，或棹孤舟；既窈窕以尋壑，亦崎嶇而經丘。」

我縱心之所在，或是行車，或是乘舟。舟行所歷，見澗水深長而綿遠；車行之所經，盡是崎嶇不平的山丘。

「木欣欣以向榮，泉涓涓而始流；羨萬物之得時，感吾生之行休！」

此時，木已凋殘零落，但春天一到，則生意萌動欣欣向榮；泉水已經涸結，但春天一到，則東風解凍，又潺潺涓流。此木也，泉也，皆得時而使然，豈不令人羨慕！如果我乃正當與世相遺之時，自此以往，畢生之功名事業，將盡付萎謝，觸物與懷，能無感乎？

「已矣乎！寓形宇內復幾時，曷不委心任去留？胡為乎遑遑，欲何之！」

算了吧！雖然一時觸物興懷，但念及人生有盡，寄形於世，生死莫知，何不將此心放下，聽其自然乎？又何苦這般役役用心，欲何所往乎？

「富貴非吾願；帝鄉不可期。懷良辰以孤往，或植杖而耘耔；登東皋以舒嘯，臨清流而賦詩。」

意謂形之留於世，欲用心往求富貴，但富貴非我所願；形之當去也，欲用心往求仙鄉，但仙鄉又不可期。我既不願為官，又不能作仙，就只有適我性情罷了！因此，每當良辰美景，喜往則獨往，又何妨？能及時耘耔，則植杖耘耔，有何不可？登東田而胸襟豁然，則舒嘯可也；臨清流自得其樂，則賦詩可也，此四者皆是我委心之處啊！

「乘化以歸盡，樂夫天命復奚疑？」

由此以後，我當順天命，個人的生死交給命運去安排，得一日過一日，也是無比的快活自足啊！

從以上這篇詩辭的解析中，我們可以了解，陶淵明的情懷是高逸的，他任性適志，率真無偽，絕不受任何世俗雜物所羈絆，因而成為千古以來令人讚不絕口的高人。然而，他原先的本意，也是希望能以己之所學，來扶助社稷，救濟生靈。只因為目睹東晉末年，戰亂頻仍，朝庭命祚將盡，所以才想退隱於山林田園之中。

這正是中國知識分子慣有的隱士思想，也是儒家學說「邦有道則現，邦無道則隱」思想的表徵。

南宋時代，峨嵋山上有一名僧，他在即將圓寂時，召集寺中所有弟子，訓示他們說：「你們要把眼光放大點，放遠點，死亡絕非一件容易的事情，即使是一位高僧大德，他在臨命終之前一刻，也是要經歷一番痛苦的掙扎。千萬別自以為功力火候已夠，而氣高自大，自滿自傲。」說完後，這位高僧即溘然長逝。

以上這段小插曲，與陶淵明的心境，可以說是一脈相通的。

6 談出處進退的「退」

天下無不散的筵席

人，在目睹繁花飄零、落葉滿地的景象時，在面臨曲終人散、一切復歸沈寂的場面時；在身臨生離死別的剎那時，內心總是難掩一份哀傷的情懷與無盡的低迴！「結束」，總是令人感傷的。

古往今來，國人最注重的就是個人品德與節操的培養。而志士忠臣在面臨生死交關的一刻，首先考慮的，但求全節而退，性命不復顧及；節婦烈女，亦惟貞操是瞻！因此，青史上常留此輩高操厚誼的芬芳。

然而世上經常是善惡並存的，有光明的一面，亦不乏黑暗的一面。明末清初，多的是貪生怕死的「二臣」，他們畏於新統治者的淫威，不惜降節求榮，這種行徑自然招人唾罵、不恥。而此種現象又以年老一輩居多，因為他們深怕半生掙得的榮華富貴，一旦失去時，恐怕永難再得，到那時，英雄末日的寂寞與淒涼，將何以承受?所以，「有花堪折直須折」，只要能升官發財，名譽氣節又值幾文?這是此輩人物普遍的心態。

不過，高尚的氣節是可以砥礪出來的。雖然，這在名利之間要犧牲很多，所經歷的過程或許也是荊棘遍佈，但只要存心想當一位令人景仰的仁人志士，再加上有足夠的勇氣與毅力，那麼，他必會成功的。

紐曼樞機曾說：「生而為人，不要畏懼結束的來臨，要把握的是事情的開始及過程。」這句話告訴我們，要把人生的各個階段都當作是一個開始，然後不斷地奮鬥，直到「春蠶到死絲方盡，蠟炬成灰淚始乾」，方才罷休。

不過，話說回來，一個人過份地精明幹練，勤奮不懈，固然可以獲得輝煌的成就，但若不懂內蘊其華，常會因此受到他人的嫉恨，甚至引來殺身之禍。尤其，地位如在他人之下，其才華與能力卻凌駕乎其上，那麼，地位高的人，對之必然常懷戒心，無所不用其極地予以壓制，使他無從表現並發揮其才華。其何以致此？個人道理，不言可喻。因為，高地位者害怕自己的寶座，會被此人取而代之，因此，只好先下手為強，令其毫無出人頭地的機會。

中國歷史上，有許多賢臣良將，往往由於優秀的才氣與偉大的事功，而造成「功高震主」的情勢，以致遭人君之妒才與恐懼，最後不得不被誅殺。戰國時代，越國大夫文種之受王命自刎，漢朝開國功臣韓信之被劉邦夷九族，即其例也。

另外，一般公司行號裏，員工因才高能強而被主管「凍結」的事例，亦屢有所聞。尤其，主管與副主管之間，這種關係更形尖銳、明顯。從人性上來看，人當然希望盡量往上爬，爬得愈高愈得意。因此，副主管難免覬覦主管的寶座；主管對副主管則更是小心翼翼地防範，以免絲毫疏失，釀成自己寶位終將拱手讓人的悲劇。

由此看來，身為人臣或部屬，在發揮長才與不遭人忌兩者之間，如何開創和諧的人際關係，實在是一門非常高深而且重要的學問。

出處進退的原則

在古老的社會裏，向來以一個人一生出處進退的事蹟，作為評斷其人好壞的標準，尤以知識分子為然。固有道德規範訓示我們，無論作官、處事，「進」要適得其宜，「退」也要恰如其時，如此，方不愧為讀聖賢的士人，也才能夠留美名於人間。有鑑於此，以下就來談論出處進退的原則問題。

出處進退的首要原則是，要「進」時，應由別人推薦；而「退」時，則須取於自決。人浮沈於世，有如一葉扁舟飄流於汪洋大海之中，到處隨波逐流，茫無去路。這時，最需要的是一盞明燈的指引，或霍然出現能泊船的岸邊。同理，在茫茫人世間，人常為了生活或一份理想，而到處尋尋覓覓，希冀圖求安身立命之處。可是，一旦投入這個五花八門的社會大熔爐之後，往往被外界所迷惑，而忘失自己所欲追求的。

甚且生命的旅途本是逆境多於順境，不時地挫折與打擊，更會磨掉一個人的鬥志。因此，要想成為一匹鴻圖大展、志業得伸的千里馬，就需要依賴慧眼識英雄的伯樂，加以推薦、引進；如此，將比自己暗中摸索的成就來得大，來得容易。

而這位伯樂，或許是自己的長輩，或許是自己的摯友，因為他們與自己接觸時間較長，自然地相互了解的程度，比他人來得深遠。他們明白自己適合何種工作，所以，只要一有機會，基於彼此的友誼和認識，必定提拔一番。這就是何以「進」時，宜由他人推薦的道理了。

至於，「退」時為什麼取於自決呢？每個人都了解，當被迫做某種事情的時候，那種場面總是令人尷尬而不悅的。試想，一位身居政府高官之職或擔任公司行號要職的人，如果有朝一日被迫罷官或辭職，那時顏面必然黯淡無光。

何況，客觀環境是否有利於自己，或何時當去，何時當留，諸如此類的問題，惟有當事人本身心裏最清楚。所以，為了明哲保身，為了不受他人之恥辱與漫罵，到了該「退」的時候，應該以無比的勇氣與堅定的決心，揮揮衣袖，不帶走一片雲彩，此方為明智之舉。

7 論命、數及獨

張良的智慧

漢初三傑中，有「運籌帷幄中，決勝千里外」之稱的名謀士張良，當他幫助劉邦平定天下，並使國家政治進入新紀元之後，高祖原想再進封他為齊王，然而，他卻婉轉地回絕了。並對高祖說：

「家世世相韓，及韓滅，不愛萬金之資，為韓報讎強秦，天下振動。今以三寸舌為帝者師，封萬戶，位列侯，此布衣之極，於良足矣！願棄人間事，欲從赤松子遊耳。」

原來，張良祖先是戰國七雄中的韓國人。而他的祖父及父親，曾分別擔任韓昭侯、宣惠王、襄哀王和釐王、悼惠王的宰相。後來，秦始皇滅了韓國後，他矢志要復仇雪恨，因此，花重金四處收買刺客、力士，欲謀刺秦始皇。某年，始皇東遊，張良即興刺客襲之於博浪沙中，可惜，天不從人願，卻誤中副車。秦皇帝獲悉張良為主謀後，乃到處張貼佈告，懸賞捉拿。張良因而改名換姓，流亡到下邳。

有一天，當他利用閒暇時刻，從容漫步於下邳某座橋樑時，幸遇一位老者，教他太公兵法。這位老者，便是有名的黃石公。張良得了這本書後，即日夜不停地鑽研探討，終將全書融會貫通，靈活運用。

後來，劉邦攻取下邳，張良歸順了他，並且屢次向他談及太公兵法，頗得劉邦賞識。同時，漢高祖在他的獻策匡助之下，得滅秦王子嬰，終於建立漢朝，而張良也替自己祖國報了亡國之仇。此後，他又不時地出奇計，使高祖數次從危困中，安然脫險；而於國家建設方面，更是殫精竭慮地經營，卒為漢朝打下立國的基礎。因此，他的聲譽與日俱增，天下諸侯莫不望風披靡。

高祖與呂后為答謝他的忠誠，屢次想讓他升官進爵，但他在這政治生涯正達顛峰之際，卻婉拒了。他覺得自己很慶幸地靠著三寸不爛之舌，而充任皇上的軍師，並領有萬戶的封土，位居侯爵，像這樣的境遇，內心已深感滿足了。個人衷心盼望的是，馬上拋棄人間的榮華富貴及世俗的浮名虛利，然後回歸大自然，過著逍遙自在，與世無爭的生活。

事實上，張良之所以想從政壇上引退，是另有原因的。司馬光《資治通鑑》曾提及：以張良那種高智慧的人物，他早就明白，世上根本沒有神仙的存在；而他卻稱言想修煉神仙之道，並且很認真地去修行道家辟穀的法門。這其中道理何在呢？在此姑且分析如下：

在一次宴會裏，漢高祖曾親口對高起、王陵說：就謀劃作戰策略來說，他比不上張良；就安定國家，撫愛百姓，統籌糧食方面，自己也無法與蕭何相比；而在戰場領軍，指揮軍士作戰方面，韓信更超越了自己。

韓信為劉邦的軍事司令官，在楚漢相爭之際，他帶領大軍，於垓下擊敗項羽，而為漢朝贏得決定性的勝利。高祖論功行賞，封他為楚王。高帝六年，有人密告說韓信即將謀叛。皇上採用丞相陳平的計策，假裝欲到楚國的雲夢澤巡狩。屆時，韓信晉謁高祖於陳國。漢帝即命令大力士將之擒拿，並上手鐐腳銬。此時韓信頗有感慨地說：

「果若人言：狡兔死，良狗烹；高鳥盡，良弓藏；敵國破，謀臣亡。天下已定，我固當亨！」

大意是說：「我今日的遭遇，豈不正像人們所說的，兔子一死了，獵狗便被烹煮；飛鳥殺盡了，良弓便可束之高閣；而當敵國被消滅以後，謀臣良將已無利用價值，便要被判死刑了。現在，天下既已安定，留我在世間還有什麼用處，我是應該被處死的。」

高祖立刻回答說：「得罪啦！請別怪我無情，這是因為有人密告你將造反，所以我不得不先下手為強。」於是，命令押解回京，到了洛陽後，改判韓信無罪，但將其王爵削去，降為淮陰侯。

在這次政變中，韓信雖因自己一席話，而獲釋無罪，但最後還是免不了以同樣的罪名，被呂后與蕭何設下計謀逮捕誅殺，並累及九族。

至於相國蕭何，最後也因功蓋天下，名聞四海，而引起高祖對他的疑心。在這種情況下，如果他處理不當，必然會有和韓信一樣的下場，但是，蕭何洞燭機先，早看穿高祖的個性。因此，他故意到處搜購田產，勞民傷財，以破壞老百姓對他的形象。

蕭何此舉，終於獲得成效，常常有人在他背後，向高祖告狀。這麼一來，劉邦頗感欣慰，直認為蕭何的名聲，並未如外傳那般地響亮，不過，也是一個貪財好利之徒，想來必不至叛亂，是以對他的戒心逐漸鬆懈下來。但到了最後，由於蕭何向高祖建議開放御料林，因而觸怒龍顏，以致被捕入獄。

漢高祖劉邦原本是一介草民，混跡於市井之中，書讀得不多，所以言談舉止之間，不免流於庸俗與粗魯，而且器量狹小。但因為他胸懷大志，加上他野心頗大，心機也深，能夠用人，所以才能創立漢朝。

尤其，當他面對項羽這麼一位勁敵的時候，他不敢掉以輕心。為了能順利地打敗他，劉邦只好禮賢下士，四處網羅人才。等到項羽消滅，目的得逞，漢朝根基紮穩以後，他唯恐這班開國功臣，將來會謀判，而搶走漢室江山。因此，他先下手為強使出殺手鐧，他先削去諸王的封號，然後一個一個地予以殲滅，以絕後患。

張良臣事高祖多年，深知他的為人，只能共患難，不能共享安樂，為了避免將來遭殃，他婉拒高官厚祿的誘惑，稱言欲學辟穀，過著神仙般的生活。這是他的高明，也是明哲保身的一個事例。

何謂「命、數、獨」

所謂「命」，是指命運，也就是指一個人天生的本命或運氣好壞而言；「數」則指物理世界中，各種事物的複雜關係。

在人的社會裏，本來就是非常現實的，有許多事情絕非單靠個人的才智及能力便能解決的，另有許多其他因素，諸如：家世、閱歷、經濟基礎等等，均足以影響人一生的命運及前途。

譬如一個人出外做事，如果他是某位有力人士或某商業鉅子的兒子；或背後有靠山替他撐腰；或本身在社會闖蕩多年，已稍有名望和地位，閱歷也豐富；或自己擁有雄厚財力，那麼他做起事來，必然事事稱心如意，絕對沒有礙手礙腳的情況發生；相反地，假使他缺乏這些條件，一定處處受到掣肘之痛，不是被嫉妒，便是被排擠，甚至無立足之地，終使事與願違。

隋朝末年，有位將官的兒子奉命領軍前往前線討伐賊軍時，臨行前，父親為他舉行餞行宴會，兩人不免要談論時事，這時父親開口說道：

「憑我多年的帶兵經驗，相信如果讓我領兵前去討賊，不論遇到任何危急的場面，我一定可以扭轉乾坤，化險為夷，而獲得全勝。兒子啊！你在策劃韜略方面，雖然不亞於為父我，但你還年輕，人生閱歷及聲望方面，恐怕比不上我。所以，你所擬定的作戰計畫，很可能收不到預期的效果。」

果然不出所料，當兒子帶領兵馬，浩浩蕩蕩地到了前線之後，有許多旗下的將官，不願意聽從他的指揮，因此，多次錯失良機，未能配合一致，發揮整體作戰功能，致使此戰慘遭滑鐵盧，敗北而還。

這就是所謂「數」。

以上所述，吾人應該明白，「命」與「數」是個人一生事功成敗的關鍵所在。因此，每個人應認真地思索這兩項因素，如果當前的處境，就天命與運數來說，都非常不利於自己，那就必須急流勇退，而選擇「獨」的路徑。

張良說「從赤松子遊」，便是走「獨」的路線的典型。

然而，世上有許多事情並不是自己意志所能決定的。歷史上不乏想求「獨」而不能得「獨」的例子，乃至當今社會中，此種例子亦層出不窮。拿最明顯的事例來說，有許多不良少年厭膩耍勇鬥狠的日子，自忖不如痛改前非而去自首，想脫離黑道，不再涉入那些坑人的旋渦，但不幸的是，他舊日的那些黨羽，卻不放過他，依舊要他再幹傷天害理的事，否則即以殺害生命要脅。這就是「一失足成千古恨」的悲哀，也是人世間莫大的慘劇。

所以，一個人必須謹慎地處理個人出處進退問題，「進」不僅要適得其宜，更要適得其所；而「退」則要在最適當的時機，如此方可避免遭人陷害，而且留給世人無限的懷思與無比的敬仰。

8 關於人際關係中的應對辭令

良賈深藏若虛

所謂「應對」，是指人與人間或人與事物間，所發生的各種問題，加以有條不紊的處理；而「辭令」則是對這些問題所表達的個人想法與看法。晚近，對「辭令」一詞的定義是「語言的藝術及使用方法」。「應對」與「辭令」都是用來判斷一個人個性、品格的重要關鍵。

一個善於察言觀色的人，只要和別人作了短暫的接觸或面對面地交談幾句後，他便能立刻掌握這個人的特性，辨別出對方是個有修養、有內涵的人，或是舉止輕浮、個性毛躁的人。

就一般情況來說，一位有內涵的人，他所說出的話，即使是一言半句，必然深具說服力，而令人口服心服；相反地，一位輕浮躁動的人，多半說些不著邊際的空話，因此，所產生的效果自然微乎其微，不發生任何的作用。如何才能使自己言談有分量呢？這絕非一蹴可幾的，而是要靠平日多方面的鍛鍊與修養，如此日積月累地，自有圓熟的一天。

下面且看老子與孔子兩人間的一般應對辭令：

孔子問焉，老子告之曰：「良賈深藏若虛，君子盛德，容貌若愚。子去驕氣、多欲、態色、淫志。」

孔子去，謂弟子曰：「鳥，吾和其能飛；魚，吾知其能游；獸，吾知其能走。

走者，可以為網；游者，可以為綸；飛者，可以為矰；至於龍，吾不能知其乘風雲而上天也。今見老子，其猶龍乎！」

老子是春秋戰國時代，楚國苦縣人。姓李，名耳，字伯陽，死後，他的諡號叫聃，所以又稱老聃。曾在周朝做守藏史的官，後來看周朝國勢日見衰弱，便罷官隱居，世人莫不知他的下落，著有《道德經》上下兩篇，流傳於世。

至聖先師孔子，當他年輕時，有一天，到老子住處，向他請益，並詢問有關先王的禮訓。這時候的孔子或許年輕氣盛，才華橫溢，因此，老子對他警告說：

一個有學問才能的人，不會讓別人一眼看出，他總是含蓄內蘊的，讓人覺得他只是個平凡的普通人，就像精明的富商，雖然貯藏很多的財貨，但他絕不會炫耀，因而顯出非常空虛貧乏；同理，一位有道德有修養的君子，外表看來好像很木訥，很愚魯，而這正是大智若愚的顯現。

孔子聽完這番話後，內心頗有「與君一夕話，勝讀萬卷書」的感嘆！因此回去後，便對弟子說：

「鳥啊！我知道牠能飛；魚，我知道牠能游；野獸，我知道牠可以行走。在陸地行走的走獸，可以用網捕獲；在水中游的魚，可以用釣繩釣起來；如果空中飛的鳥，可以用弓箭射牠。只有龍，我不知牠如何乘風雲而上天。老子道德學問的廣博偉大，就像乘風雲的龍，變化莫測。」

所以，從老子所說的話裏，吾人應知，一味地裝飾外表，力求門面富麗堂皇，而內中卻空空洞洞的，沒有一點內容，這種行為是為聖人所不取的。

走在大街小巷裏，真正引人注目、扣人心弦的是，那些外表看來古拙、樸素的古董店，雖然它沒有雕龍畫棟的建築，也沒有五花八門的裝飾，但總予人一種厚重無華的感覺，讓人直想一登堂奧，去探討欣賞店內所擺的東西。

通常具有這種風格的店舖，裏面的格局一定很高雅而有深度，同時收藏的也必是一些名貴而古雅的古董。

同樣地，涵養愈高深，學識愈廣博的仁人君子，行事五倫必然更謹慎小心，也更能深切了解「飽穗的稻子總是下垂的」的道理，因此言行謙虛，表現於外的，是一副愚魯無知的模樣。不過，更真正做到愚魯中的「愚」，恐怕不是所想像中那麼容易。倘若真能達到這樣境界，那無疑是一位有道君子了。

木雞的啟示

《莊子》達生篇有一段話：

紀省子是養鬥雞的名人，他為齊王養鬥雞，十日而問曰：「雞已乎？」曰：「未也，方虛憍而恃氣。」十日又問，曰：「未也，猶應嚮景。」十日又問，曰：「未也，猶疾視而盛氣。」十日又問，曰：「幾矣！其德全矣！異雞無敢應走者；反走矣！」

這段文字的大意是說：有一位名叫紀省子的人，他擅長飼養鬥雞。有一次，他替齊王訓練一隻極優秀的鬥雞。

由於齊王是急性子的人，不到十日，便召紀省子進宮，問說：「雞可以參加比賽了吧！」紀省子畢恭畢敬地回答：「還不行！目前牠只在虛張聲勢的階段罷了。」

再過了十天，齊王又很急切地問：「這下總可以了吧！」紀省子依然回答：「還不行！因為牠會受周圍的聲響所影響而驚動。」說完，頭也不回，一逕地走開。

又過十天，國君再次沈不住氣地問：「現在沒問題了吧！」想不到紀省子的回答卻是：「很抱歉，還不到時候，顯然牠已有相當的功力，但常有輕敵之舉。」國王聞言失望地走開。

十天以後，紀省子主動地稟報國王：「恭喜大王，現在牠可以參加比賽了。因為牠的德性已經滿足，無論遇到何種對手，牠均能若無其事地從容應付，牠的沈著與鎮定，乍看之下，有如一隻木雕的雞，但內力卻十分深厚，其他的雞一碰到牠，都會俯首稱臣，不戰而退。」

經過一次實際的鬥雞比賽後，果然如紀省子所說。

這個故事正是後世「呆若木雞」這句成語的由來，現在用以比喻人之蠢笨而不能任事，或形容受驚嚇，以致不知所措而呆立的狀貌。

從這個寓言裏，我們可以獲得四種啟示：

第一，「不爭」，也就是處世時，不與人發生任何爭執。

第二，「不矯情」，亦即盡量表現自己真實的一面，不虛偽，不做作。

第三，「不要左顧右盼」，常常環顧四周，會給人一種心術不正或心不在焉的感覺，而留下不好的印象，因此應極力避免。

第四，「靜如木雞」，臨事時才不會慌亂無措，能冷靜地思考對付之策。

對生命本身常持「疑問」

在前面引文中，老子曾向孔子訓斥說：

「去子驕氣、多欲、態色、淫志」，意思是說：捨棄你驕縱的脾氣，過多的慾望，造作的態度以及荒淫的念頭，這些壞毛病統統要丟掉，一點也不能留存。

面對這番嚴詞厲色的訓誨，如果換了一個涵養不夠的普通人，說不定會面紅耳赤地與老子理論一番，或者掉頭就走，把這些話當作馬耳東風，全不放在心上。但是，孔子畢竟與眾不同，他不僅虛心地接受老子的教訓，甚至在學生面前極力地誇讚他，稱美他就像一隻見首不見尾的神龍。

所以，同樣的忠告或批評，常會因人而出現兩種不同的反應，一種是能夠察納雅言，衷心接受；另一種則會出現強烈的反感而加以拒絕。這是人與人間是否合得來的重要關鍵，也是人際關係建立的基本因素。孔子所以能成為一代聖人，一部分要歸功於他那謙沖為懷的品德。

老子與孔子這兩位聖人的見面，就人生整個生命過程來看，是極其短暫的，有如電光石火般地一閃即滅，然而它所散發出來的光芒卻是極耀眼的，它所代表的意義，更是深遠，可以說，這是歷史性的一刻。

是故，人與人間的接觸，「時間」並不是重要的因素，重要的是彼此是否真心地投入自己，為雙方友誼的建立付出一切。這一點，正是決定個人在人際關係中，所獲得的東西多寡或程度深淺的根本基因。

由上述可知，「邂逅」是人際關係成立的催生劑，人必須先有第一次的會面之後，才可能繼續日後的交往，然後，交際面愈展愈廣，終於形成所謂的「社會」。所以，「社會」是個體的總結合。

人是群性的動物，不能離開群體而過與世隔絕的關係，因此，每個人既然生活在這個世界上，便應盡量與別人保持良好的人際關係。因為，人際關係的好壞，足以影響個人社會生活的良善與否，甚至決定一生事業的成功或失敗，其重要性，不言而喻。然則，如何建立良好的人際關係呢?這就牽涉到應對進退的問題了。

老子與孔子二人的道德與學問，一直是後人的楷模，我們若想效法，冀以達到那種境界，那麼，首先必須對生命本身常持「疑問」的態度，不時地去思索有關人生、生命的一些嚴肅問題，譬如：「人應該如何去生活？」「生從何處來，死向何處去？」「生命的本質是甚麼？」「宇宙生命又是怎麼來的？」……諸如此類的問題。

如果對這些問題沒有深入地探討與研究，則儘管人際關係再怎麼好，人緣如何地佳，或是何等地口若懸河、辯才無礙，充其量也不過是博得別人幾聲讚美或幾分稱羨罷了。實際上，他內心仍是空空洞洞的，這與不學無術的「草包」有什麼差別呢？相信對自己、對別人，也絕對起不了任何作用的。

9 統御將軍之器

不著色象，不留聲影

《莊子》應帝王篇有一段形容至人的用心是：

「至人之用心若鏡，不將不逆，應而不藏，故能勝物而不傷。」

大意是說，一位有道德學問的聖人，他的心地就像鏡子般地清澈明亮，不含任何雜塵。他待人接物的態度是，物去了不送，物來了也不迎，自然而然的反映它，事情解決後，絕對不再存任何執著與見解，本地是一片光風霽月的景象。所以，能消除物我對立的觀念而不被物所傷。

莊子這段話正是吾人立身行事時應對進退的大原則。不過，「應而不藏」的境界，恐怕不是常人所能達到的。過去有不少哲人文士著書立論討論這句箴言，但說得最徹底的，要算明朝洪自誠《菜根譚》的一段話：

「風來疏竹，風過而竹不留聲；雁度寒潭，雁出而潭不留影；故君子事來而心始現，事去而心隨空。」

當風吹向稀疏的竹林時，竹子自然而然的發出聲響，一旦風吹過之後，竹林則毫無聲息，一片靜悄悄地。雁子從潭面上掠過時，牠的影子立刻反映在水中，等飛過去以後，潭水依然故我，而雁影亦隨雁子飛去而消失了。

因此，佛家曾說：「象由心生，象隨心滅。」萬物皆是因緣和合而成，當緣盡以後，自然一切皆歸空無。所以，一切諸法都是空象，皆是過而不留的。

也就是說萬事無論是長是短、是苦是樂，到頭來都有個分離的時候，是以君子應當隨緣而居，隨遇而安，事情來了就去服務，事情去了心要馬上的寂靜下來，以保障自己的本性，方不致遺失掉真性。

從言談舉止看一個人的性格

這是漢高祖劉邦的故事。當他尚未發跡的時候，曾經擔任泗上亭長。（按：泗上，在今江蘇省沛縣）

秦漢時，每隔十里，即設一亭，亭有長，負責捕劾盜賊的職責。所謂亭長，就是主管一亭的官吏。史記高祖本紀曾說：「為泗水亭長，廷中吏無所不狎侮。」由此可見，高祖在身微位賤時，曾受他人百般地輕視與侮辱。

有一天，劉邦奉了上級命令，到當時秦都咸陽去募集人伕，恰巧遇到秦始皇壯觀華麗的車仗儀隊經過，他真是又驚又羨，忍不住吁了一口氣，喃喃自語道：「大丈夫當如是也！」（一個大丈夫，應該如此做。）

另外，劉邦的勁敵——項羽，在秦始皇駕崩的前年，曾隨同叔父項梁從會稽山前往山東時，途中，也遇見了始皇的巡幸行列，當他看到瑰麗無比的車隊時，便脫口而說：

「彼可取而代之。」

項羽與劉邦都是人世難得一見的英雄豪傑，也都有遠大的抱負與理想，然而，二人的個性、氣宇其出生背景卻迥然不同。項羽出自將軍世家，而劉邦只是個農家子弟。項羽自負而驕矜，劉邦則雍容高貴。

當他們分別看到秦始皇出巡的那種威風十足與盛大排場的景況後，雖然都有同樣的觀念與感受，但兩個人表達出來的氣度，卻完全不同。這種情形，就好比有人坐在椅子上，另有一人進來，很霸道地強拉他下來，說道：「你下來，我要做。」而另外一個人則說：「這個位子，可讓我坐坐吧？」然後才坐下來。這兩者方式，前者就顯得性急而帶霸氣，後者則表現出一位雍雍君子的優雅與禮節。

所以，從以上的應對詞令裏，可以很明顯地看出劉邦與項羽在境遇、閱歷與性格方面的差異性。由於項羽偏激的個性，因而得不到部屬的愛戴，就連他最得力的軍師——范增，也不得不離他而去，終至慘遭自刎於烏江的下場。

另方面，劉邦在「楚漢相爭」後，卻順利地登上皇帝的寶座，而成為漢高祖。

多多益善

自古以來，任何文人雅士，每在茶餘飯後，莫不喜歡邀集三五好友共聚一堂，或聊天品茗，或吟詩作對，或談論家國大事，或月旦人物，或風花雪月，並視此為人生一大樂事。

有一天，劉邦自朝中回宮後，閒來無事，便召進大將軍韓信，與之淺斟低酌，並談論朝中武將帶兵的才幹。這時，韓信毫不隱諱地提出自己的看法：

「某某人可領兵三萬，某某可帶兵五萬，某某可統率七萬。」

漢高祖興頭十足地接著問他：

「如我能將幾何？」（依卿之見，像朕可以統領多少士兵呢？）

韓信心平氣和地答道：

「陛下不過將十萬。」

高祖又反問：「於君何如？」

韓信說：「臣多多益善矣！」（不論二十萬、或五十萬、或八十萬，乃至百萬的士兵，對臣來說，都不成問題，可以說，愈多愈好，愈多愈沒問題。）

高祖聞言，內心頗為不悅，但仍然若無其事地笑笑說：「多多益善，何以為我禽？」（你既然那麼能幹，可以統領百萬雄兵，為什麼還成為我幕下之臣呢？）

前面曾提過，有人密告韓信企圖叛亂，高祖得了情報之後，聽信丞相陳平的計策，於巡幸雲夢時，趁機逮捕了前來拜謁的韓信。後來雖蒙敕免其罪，而降封為淮陰侯，但免不了遭受一頓鞭撻的痛苦。

韓信此時察覺高祖龍心不悅，立刻改口道：

「陛下不能將兵而善將將，此信所以為陛下禽；且陛下所謂天授，非人力也。」（陛下您雖只能帶領十萬士兵，卻具有統御將軍的才華，您這種才華乃是天生，絕非人力所能達到的。）

人總是喜歡聽讚美的話，高祖也不例外。他一聽到韓信這番恭維話後，立刻轉瞋為喜，心花怒放。不過，最後這句「陛下所謂天授，非人力也。」若從另一個角度來看，也可解釋成「你現在雖然君臨天下，得意洋洋，但也沒有什麼了不起，只不過你的運氣好了一點罷了。」所以，這句話可以說是雙關語，可惜劉邦只聽懂其中的一種含意。

國人向來最擅長說些模稜兩可的話，諸如「無可，無不可」或「然，豈然哉」之類，這種令人猜不透其真意的言語。韓信會對高祖說句外表看似稱讚，而內心實含貶抑的話，或許是氣憤劉邦所說的那句：「何以為我禽？」才不著痕跡地回他一句。我們所以如此推論，是根據《十八史略》中的一段話：

「十年，代相國陳豨反，帝自將擊之。淮陰侯韓信舍人弟上變，告信陰與豨謀。呂后與蕭何謀，詐稱豨已敗死，給信入賀，使武士縛信，斬之。信曰：『吾悔不用蒯徹之謀，乃為兒女子所詐。』遂夷信三族。」

漢高祖十年，代王的宰相陳豨判亂，高祖便親自率兵去討伐他。這時韓信託詞生病，沒有跟隨去，卻暗地裏差一使者到陳豨那裏去，對他說道：「你只管起兵，我絕對鼎力相助。」於是韓信便和自己的家臣商議：

「夜詐詔，赦諸官徒奴，欲發以襲呂后太子。」（在夜裏發出假詔令，把那班犯罪的官和百姓，全部加以釋放，想利用他們去襲擊呂后太子。）

一切都準備好了後，就等陳豨的通報一來，便要開始行動。可惜天不從人願，事機不巧，韓信有一位近侍，因為得罪了他而被囚禁起來。這位近侍的弟弟心懷怨恨，便寫一封密函給呂后，說韓信私下與陳豨圖謀造反。

呂后得了這個消息，原想召韓信進宮，當地把他殺了，卻擔心韓信的同黨不讓他來。因此，當下便和相國蕭何商議。蕭何想出一個法子，在長安市貼布告說陳豨謀叛，已被高祖誅殺了。這麼一來，城中大大小小官吏理應入朝道賀。蕭何並親書一函給韓信說：「你雖然有病在身，但臣禮不可廢，還是進朝去道個賀罷！」韓信不疑有詐，便也跟著去道賀。

呂后一看到韓信進宮，即刻下令武士將他逮住，而斬死在長樂宮懸鐘之室。在處刑的前一刻，韓信感慨萬千地說：「我真後悔沒有聽從蒯通的計策，才上了這女人的當，莫非這是天意嗎？」

韓信被殺以後，呂后把他的父母妻子子女三族也一併殺了。

韓信所以會遭致如此的悲劇，完全是平日愛誇耀自己的本事，加上其聲威過於壯大之故。他早已被高祖列為危險人物，卻仍不自知，因而引來殺身之禍。

10 盜跖之狗吠堯

救命之一言

漢高祖平定陳豨之亂，班師回來，聽說韓信已被殺死，心中又高興，又憐憫；高興的是，終於除去心中大患；從此可安枕無憂了；憐憫的是，他終生為己出生入死，建立不少功勳，今日竟遭此下場，誠令人唏噓不已。

到了宮中，他問呂后：

「韓信死的時候，說了什麼話？」

呂后答：「韓信說，後悔當初沒有採用蒯通的計策。」

高祖說：「蒯通！他是齊國有名的辯士啊！」於是立刻下詔給齊國緝拿蒯通。

蒯通被捉來後，高祖問道：

「是你教淮陰侯造反的?」

「是的!是我勸他造反的。可惜他不聽我的話,所以,才惹上了殺身之禍;如果他照我的話去做,陛下您又怎麼殺得了他呢?」

高祖聞言,勃然大怒,立刻命令左右:

「把他給我烹了。」

此時,蒯通當庭大聲呼叫:「冤枉呀!您是要烹了我,那可真冤枉呀!」

高祖說:「你唆使淮陰侯造反,還敢強辯無罪?烹了你有什麼冤枉的?」

蒯通滔滔不絕地說:

「當秦始皇駕崩之後,秦朝的綱紀日漸敗壞,終使政體瓦解。這時,太行山以東地區大亂,各國諸侯都起而自立為王,天下有志之士也都集合成一個個集團,欲爭奪王位。

秦國既失去了君位,天下英雄豪傑紛紛追逐秦王所失去的帝位,這本來就是很正常的事。因此,才能勝人一籌的,腳程比別人快的,就先得到帝位。在這種情形之下,所以『盜跖之狗吠堯』,並不因為堯是不仁不德的人,而是只要不是牠的主人，牠就吠叫！在那個時候，微臣心目中只知一個韓信，根本不知陛下您。

再說，天下的英雄豪傑、仁人志士，想做陛下您所做的事的人多得很，只是，他們的能力不足罷了，所以才讓捷足者先登。難道您又能把他們通通烹煮了嗎？所以請陛下您三思，微臣何罪之有呢？」

高祖聽完蒯通這番理直氣壯的辯說後，沈吟了一會兒，說：「放了他吧！」於是就赦免蒯通無罪。

劉邦雖然是個缺點頗多的人，但畢竟仍不失其英雄本色，所以，他才能在秦朝末年混亂的局勢中，一一消滅所有對手，脫穎而出，建立漢朝，成為一代的開國君主。

以二卵棄干城之將

《中庸》一書著者是戰國時代的子思——孔子的孫子，當他出仕衛國時，曾經向衛公推薦苟變這個人，說：「苟變的才能，可以統御五百車乘。君上您的軍旅之中，若得此人為將帥，那麼，您將可以無敵於天下了。」

然而，衛君最初並未採用其意見，理由是：

「我也知道他才堪大用，但是，苟變在作賦稅官吏的時候，曾經食用了老百姓的兩粒雞蛋。就因為這個緣故，所以我不願意任用他。」

子思馬上接口：

「夫聖人之官人，猶大匠之用木也。取其所長，棄其所短。故杞梓連抱而有數尺之朽，良工不棄。」（聖人對於百官的任用，一如木匠取用木料，取其所長，去其所短。所以，要合數名大漢方能圍抱的杞梓之木，雖然有數尺之腐朽，但是，一個良好的木匠，卻絕不會捨棄而不用。）

子思繼續說：

「這是什麼原因呢？因為他知道腐朽之處所能妨害於木者極為細微，最後終能成就價值非凡的器物。現在，君上您身處戰國之世，絲毫不以選用手下之士來供驅策為首要之務，為什麼只為了苟雙食用百姓的兩粒雞蛋，您就棄之而不用呢？此事千萬不能讓鄰國得知的。」

子思認為不能讓鄰國獲悉此事，蓋當時衛國正處於七雄爭霸之際，國家須才孔急，身為一國之主，理應以掄才為急務，而衛君卻為了二卵而捨棄一位可作為干城之將的人才；倘若此事傳於他國，必將落人口實，而譏笑衛君缺乏知人之明。

子思知其中利害輕重之關係，為了避免引起衛君之反應，不採取直言進諫的方式；而婉轉迂迴地將個中奧妙分析予衛公聽，最後，使之重用苟變，並對子思深懷感激之心。

這是子思高明的地方，因為此種談話技巧可避免引起對方不悅，並令其產生警惕心而有所覺悟。所以，像如此的談話技巧，吾輩應善加應用。

11 藺相如叱秦昭王

千古難得一見的外交辭令

史記廉藺列傳有一段記載：

秦王約趙王會澠池，相如從，及飲酒，秦王請趙王鼓瑟，趙王鼓之。相如復請秦王擊缶為秦聲，秦王不肯，相如曰：「五步之內，臣得以頸血濺大王。」左右欲刃之，相如叱之，皆靡，秦王為一擊缶。秦終不能有加於趙，趙亦盛為之備，秦不敢動。

根據歷史的記載，藺相如是戰國時代趙國的一位謀臣。某年，秦王約趙王到西河外的澠池（今河南省澠池縣）會盟。趙王怕秦國會加害於己，心想不去。但廉頗與藺相如商議後說道：「大王若不肯去，那便表示趙國軟弱而膽小了。」趙王不得已只好壯著膽去赴約，同時，藺相如也跟隨一起去。等到酒過數巡之後，秦王故作酒態地說：

「素聞趙王對音樂頗有造詣，今日本王算是耳福不淺，就請閣下彈彈瑟吧！」趙王毫無異議地便當眾為秦王彈奏一曲。秦國的史官走上前來，就在冊子上記著：「某年某月某日，秦王與趙王會飲，令趙王鼓瑟。」

坐在一旁的藺相如，看到自己君王如此被羞辱，心有不甘，立刻驅前，說道：「吾王亦聞秦王善歌秦音，現在也請秦王為大家敲敲缸盆，助助興。」

秦王聽了這話，勃然大怒，馬上開口拒絕藺相如的請求。於是，藺相如再度上前向秦王獻上缸盆，並且跪下要求秦王，秦王依舊不答應，藺相如便說：「五步之內，我藺相如頭頸的血，就要濺在大王您的身上了。」（藺相如的真意是說，如果秦王再不敲盆，那麼剎那之間，就令他命歸黃泉了。）

秦王左右的人，一躍上前，想置藺相如於死地。相如張大眼睛，厲聲地喝斥他們，侍衛們一看到藺相如這副怒目金剛的模樣，莫不嚇得連連向後倒退了好幾步。因此，秦王心不甘情不願地，勉強替他敲了一下。相如便喚趙國的史官上來，在冊子上依樣畫葫蘆地記著：「某年某月某日，秦王為趙王擊缶。」

到了宴會結束以後，秦國到底無法佔趙國絲毫便宜；而且趙國亦預先準備許多兵馬等候在外，如果秦國膽敢輕舉妄動，將立刻予以回擊。所以，秦國始終不敢有所行動。

一位君主等於代表一個國家，如果該王受到任何侮辱而依然束手無策，任人宰割，那就表示這個國家的尊嚴已間接地受到蔑視，也意謂著它已屈服他國之下了。然而，賢能的藺相如卻排除秦國的壓制為趙國掙回了面子。

像這樣的應對辭令，真令我們拍案叫絕，可以說是千古難得一見的了。

刎頸之交

由於藺相如在澠池之會上絕佳的表現，為國爭取不少的功勞，因此趙王一回到本國來，就拜他做上卿，職位在廉頗將軍之上。這時，廉頗心裏很不是滋味，到處發牢騷說：

「我為趙將，有攻城野戰之功，相如素賤人，徒以口舌居我上，吾羞為之下，我見相如，必辱之。」

（我當趙國的將軍，終年馳騁疆場，不知身歷多少戰爭，建立許多汗馬功勞；而藺相如不過是逞些口舌之能罷了，職位便在我的上頭；而且他出身微賤，我堂堂一國將軍，那甘心當他的部屬。如果藺相如是讓我遇見了，我非好好羞辱他一番不可。）

藺相如聽到為了自己升官的事而使廉頗大發雷霆之怒後，便刻意避開他，不和他見面。每次朝會，藺相如也藉言生病而不上朝。有一天，相如外出時，遠遠看到廉頗來了，即刻命令車伕掉轉車頭迴避，躲到旁邊去。為了這個緣故，藺相如的家臣非常不悅地進諫說：

「我們離鄉背井，不辭千里迢迢地來服侍您，為的是仰慕您的高誼厚義。現在您和廉頗將軍都是朝中的大臣，只因他對外宣揚了幾句難聽的話，您便怕他、躲避他，這種行徑實在令我們感到很納悶，就算一個普通人也會覺得羞恥，更何況您還是堂堂一個之相？我們才疏學淺，很難以再效犬馬之勞，就此告辭罷！」

相如極力挽留這些家臣，並說：

「夫以秦之威，相如廷叱之，辱其群臣，相如雖駑，獨畏廉將軍哉？顧念強秦不敢加兵於趙者，徒以吾兩人在也。今兩虎共鬥，其勢不俱生，吾所以為此者，先國家之急而後私讎也。」

大意思說是：「像秦王那般地威勢，我都不放在眼裏，敢在大庭廣眾之中當面呵叱他，並使他的群臣顏面無光，我藺相如雖然沒有什麼可取之處，難道獨怕廉將軍不成？我盡量迴避廉將軍，是因為我考慮到，秦國所以不敢發兵攻打我們趙國，不過是顧慮到有廉將軍和我二個人在朝中的緣故。如果我也不顧大局，意氣用事地先和廉將軍鬧內訌，那就像兩隻老虎相鬥，最後必定兩敗俱傷，屆時萬一秦國藉機攻打，那趙國不就岌岌可危了嗎?所以，希望諸位明白，我會這麼做，完全是把國家的利益放在前頭，而把私仇放在後頭。」

後來廉頗聽到藺相如這番話，便「肉袒負荊，詣門謝罪，遂為刎頸之交。」（廉頗袒胸露背，負著荊杖，到藺相如家當面道歉。藺相如也原諒了他。從此，他們二人的交情愈來愈密切，而成為共患難同生死的朋友。）

吳起與田文的對話

歷史上另有一段與上述故有異曲同工之妙的應對，那就是戰國時代吳起與田文二人為了爭奪宰相職位而引發的一場針鋒相對的舌戰。

兵法家吳起在魏國擔任西河太守時，政績甚佳，頗得人望。某年，朝中宰相位置正好出缺，一些有心問鼎此位的人士莫不關心未來發展的動向。當時，吳起心想自己勞苦功高，名望亦不在人下，這個繼任人選，當然是非己莫屬了。因此，滿懷希望地在家中靜侯佳音。結果，人事命令一發布，出乎意料之外的，竟然是由自己的朋友田文出任宰相之職。

吳起在失望之餘，不由得醋勁大發，快快不樂。他不顧一切地立刻衝到田文家裏，與他較量一番：

「請與子論功，可乎？」（讓我來與閣下比較誰的功勞大，行嗎？）

「行！」田文篤定地說。

吳起接著說：「將三軍，使士卒樂死，敵國不敢謀，子孰與起？」（以一位三軍統率者來說，在使士卒勇於衝鋒殺敵，樂於就死；敵對之國不敢妄啟戰端，越雷池一步的，到底是您強呢？還是我吳起略勝一籌？）

田文說：「不如子。」（我實不如你。）

吳起又問：「治百官，親萬民，實府庫，子孰與起？」（在治理百官，親近百姓，使府庫充實，到底是您行呢？還是敝人強呢？）

田文仍然說：「不如子。」

吳起再問：「守西河而秦兵不敢東鄉，韓趙賓從，子孰與起？」（在扼守西河這個地方，以抗拒秦兵使其不敢東犯，並讓韓趙等國臣服，到底是閣下強呢？還是在下強？）

田文還是同樣的答案：「不如子。」

吳起總結說：「此三者，子皆出吾下，而位加吾上，何也？」（誠如您所言，在這三方面，您沒有一項比得上我，可是您的地位卻遠在我之上，這到底是什麼原因呢？）

田文慢斯理地反問：「主少國疑，大臣未附，百姓不信，方是之時，屬之於子乎？屬之於我乎？」（君主年少不更事，致舉國上下對其治理朝政之能力抱持懷疑態度，而朝中大臣驕縱跋扈，不聽號令，百姓也不信服；當此之時，要消弭這種危機，到底要靠您呢？還是要靠我？）

吳起經田文這一問，默不作聲，過了很久才開口：「屬之子矣！」（應該是靠您！）

然後，田文說：「此乃吾所以居子之上也。」（這就是為什麼我的官位會比你高的原因了。）

至此，吳起才知道自己比不上田文之處甚多。

從以上的對話裏，我們可以知道，吳起所炫耀的是偏重於才能或武略方面，而田文所看重的，則是屬於治國安民的根本之道，就二者相較而論，後者當然較前者更繁鉅且棘手，所以，若能安邦國、撫百姓，使國富民安，這樣的治理人才必定是非等閒之輩，旁人豈能與之相提並論。

12 何能不千里一曲

幽默的應對辭令

魏曹操、蜀劉備、吳孫權三國鼎立的局勢結束後，我國歷史便進入西晉時代。不久，又因匈奴的入侵而偏安於江南一帶，在此建立東晉王朝。

東晉有位名叫周顗的大臣，字伯仁，從小就享有盛名，平生最酷好飲酒。元帝時，歷任尚書、左僕射，但常常因醉酒誤事而遭皇帝譴責。

當時宰相王導對他非常器重，閒暇時，輒共聚一堂，飲酒作樂。某日，在酒酣耳熱之後，王丞相枕著周顗的膝蓋，並且手指其便便大腹說：

「此中何所有也？」（這裏面裝著什麼東西啊？）

答曰：「此中空洞無物，然足容卿輩數百人。」（這裏邊空無一物，但是，卻足可容納像你這樣的人數百人之多。）

王導聽到周顗這樣狂妄的話，並沒有不高興的表示。

又另一日，曾經興兵作亂企圖纂奪王位的大將軍王敦，在元帝面前彈劾周顗，說他語無分寸，與親友談天說笑，往往夾雜一些污穢而難以入耳的話，而且行為失檢，沒有節度，毫無身為大臣應有的風範。元帝平日對周顗雖然寵信有加，但由於王敦是在公開宴席上當眾檢舉周顗，所以皇上也不能偏袒伯仁，而不得不責問他：

「卿果如大將軍之所言乎？」

周顗不慌不忙地答：

「吾若萬里長江，何能不千里一曲？」（微臣我就像萬里長江一樣，每蜿蜒千里，就彎曲一次；而人的行為難免會有過失，這原是無足為奇啊！）

這真是瀟脫絕倫而又精彩無比的應對辭令。或許只有生長在像海洋那般浩瀚無邊的長江附近的人，才能培育出如此恢宏的氣度以及絕妙的談吐。

任誕不羈的周顗

東晉的大將軍王敦即將興兵作亂。

原來，王敦，字處仲，曾拜駙馬都尉，出任揚州刺史。當元帝尚為安東將軍鎮守江東時，王敦和他的從兄王導同心協力地加以輔翼；逮及元帝登基之後，因感於他兄弟二人的忠誠，是故極為優渥禮遇他們，並對之萬分地信賴，事無巨細，一皆詢其意見，而後言聽計從。

在這種情況之下，王敦和王導漸漸地分別掌握軍事及行政的大權，同時王氏一族，也因為他們二人的關係，而躋身於軍政界，位居要職。所以，時人便譃稱此種情勢為「東晉盡是王氏及司馬氏的天下」。

由於王敦曾幫助元帝平定社弢之亂，因而敕封征南大將軍，拜為侍中，任江州牧，並鎮守武昌，其位居人臣之上，權強勢大。他本人也自以為奇勳彪炳人寰，是以恃功而獨攬軍權，剛愎自大，全無視朝庭之存在，並屢次輕蔑元帝。

元帝對王敦這種專橫霸道的行徑，也是束手無策，徒呼奈何。只好藉用劉隗、刁協兩位親信的力量來抑制王氏一族日漸增大的勢力。

至於王導，對元帝則始終忠心不二，並無異心，卻因王敦的牽累，致遭池魚之殃，也成為元帝欲誅除的對象之一。

不久，王敦認為時機已經成熟，便以討伐「君側之奸（劉隗、刁協）」為名，於武昌舉兵，率軍進犯京師。這時，被王敦指為奸臣之劉隗、刁協二人，即刻勸告元帝應盡速誅除王氏一族，但元帝不許。

另方面，王導獲悉自己從弟搆逆，內心大感惶恐。於是，就率領群族親至宮闕請罪。此時，恰好遇見周顗要進入金鑾殿朝謁元帝。王導見勢，立刻驅前對周顗說：

「伯仁啊！我一族人的安危全繫於你身上了。」

對王導來說，周顗是他唯一的希望。然而，周顗對王導的呼救，卻視若無睹，聽而未聞，頭也不回地逕往殿上而去。

雖然周顗表面是如此地冷淡，然而一到元帝面前之後，他卻竭力地稱讚王導的忠誠，替他申辯以開脫罪責。最後，元帝終於接受他的建議，頷首答應不殺王導。

元帝素知周顗酷喜杯中物，乃留在宮中，御賜酒宴，與之開懷暢飲一番。數片刻後，周顗略顯醉意，因此告退而歸。

這時，王導仍守候在宮門外，他一見到周顗出來，又急切地叫喚他；但周顗故意不以理會，而環顧左右對僕從說：「今年有待處理的事可真不少。我必須先掃除叛軍，以獲取諸侯之位。」

王導見到周顗這種不理不睬的態度，內心沮喪至極，深知再懇求下去，也不過是徒費唇舌，於事無補，因此，他羞愧地垂下頭，一言不發地望著自己的影子。

但是，周顗一回到官寓後，立刻進入書房撰寫奏摺，盡言王導的忠貞不二，而呈遞元帝過目。王導不知周顗在暗中極力地搭救自己，誤以為周顗是個無情無義的小人，竟然忍心眼見自己遭受危難而不伸手救助，因此，一直對他懷恨在心。

見死不救的王導

元帝一看到周顗的奏摺後，不久即召見王導。

王導獲此消息，誠惶誠恐地入宮謁見皇上。在宮殿裏，王導匍匐在地，深為自己族內出了王敦這麼一位叛臣賊子而向元帝致歉，並請皇帝法外開恩，赦其無罪。

元帝一見王導下跪，連鞋子也來不及穿地慌忙下座，走到王導身旁，緊握其手說：「賢卿請起，朕正有要務委任於你。」

於是，元帝命王導為討伐叛賊的總司令官。

王敦本是一位驍勇神武的武將，其武藝高超，有一夫當關，萬夫莫敵之勇。所以，他所率領的叛軍，勢如破竹，而連下數個州郡，並且屢次攻克劉隗及刁協的聯合軍。同時，又擒獲周顗，於石頭城南門外加以殺害。

在此之前，王導原有數次營救周顗的機會，但一念及往日情景，仍然難消心頭之恨，因此，任憑王敦殺害周顗而見死不救。

後來，王導在察看中書省舊有的典例及記錄時，偶見當年周顗為自己申辯的奏摺。王導在驚訝之餘，手執奏摺，不禁眼淚涕泗縱橫，悲不自勝地說：「吾雖不殺伯仁，伯仁由我而死。幽冥之中，負此良友。」

在他還沒見到周顗的奏章之前，他完全不了解周顗營救自己的一片真意，因而不分青紅皂白地誤會他，怨恨他，以致不願意在周顗危急之時，救他一命。現在周顗與世長辭，王導也失去一位至真至誠的好朋友，他內心的懊惱與後悔可想而知，然而，這一切已經太遲了。

從周顗與王導的這段故事以及前頭所舉的一些人的應對辭令裏，我們可以發現國人那種為善不欲人知的處世態度。

13 敵對者應有的態度

英雄惜英雄

史記曹相國世家第二十四記載：

「惠帝二年，蕭何卒。參聞之，告舍人趣治行。『吾將入相』。居無何，使者果召參。參去。」

同文又云：

「參代蕭何為漢相國，出入三年，一遵蕭何約束。百姓歌之曰：『蕭何之法，顜若盡一；曹參代之，守而勿失。戴其清淨，民以寧一。』」

吾人皆知，輔佐劉邦而建立漢朝基業的名宰相是蕭何，至於步蕭何之後而承繼宰相之職者，殆為曹參。他們的治績，先後相互輝映，而成為史上的一段佳話，故世有「蕭規曹隨」的成語。當時百姓極端稱讚他們二人的功勳，乃從而歌之曰：「丞相蕭何公，制定法令，明確而統一；繼任老曹參公，遵循往例而無失。其治理政事，賢明而清廉，因此人民都能安居樂業，平靜以度日。」

從這首歌詞裏，可以看出蕭曹受百姓愛戴情形之一斑了。然而，在私交上，這二人由於性格上的差異，反而一直處於敵對的態度。所以，當蕭何擔任宰相時，曹參卻被派往地方去任知府之職，而未留於中央政府內。

惠帝二年，蕭何病逝。這時，曹參仍在山東一帶充任知府。當他一接獲這個消息後，囑附家僕立刻整治行裝，說：「我將要昇升宰相之職！」

他的妻子在一旁聽到此話，訝異萬分地問：

「你何以知之？」

曹參答：「依我推測，蕭何去世之前，必然向皇上推薦由我來擔任宰相。」

其妻滿臉狐疑地說：「那有可能？你們兩個是水火不相容的仇敵，他怎麼可能推薦你去接任？」

曹參笑笑地說：「誠如你所說，我們確實處得不好，不過，這是私人感情的問題。蕭何向來恩怨分明，他絕不會銜私恨而害公。他心裏清楚得很，滿朝文武百官之中，也只有我才能繼任其職。」

過了沒多久，朝庭使者果然持著惠帝的旨意而來，請他出任宰相。

曾經滄海難為水

曹參上京以後，經常邀集客人飲酒作樂而不理朝政。以致到其家中作客的官吏及賓客，替他非常擔心，都想勸勸他，以國家大事為重。但曹參一見到他們來訪，就請其啜飲美酒。在觥籌交錯之間，賓客們屢欲開口規勸，總被曹參促使喝酒而擋了回去。因此，來訪賓客，始終不得開口，大醉而歸。這種事對曹參來說，可以說是習以為常。

惠帝乃漢朝第二代皇帝，由於年紀尚輕，難免為政處世經驗不夠圓熟。是故他一風聞曹參荒弛政務而到忍無可忍時，立即召曹參進宮，大加責問：「你為何成天飲酒作樂而不理政事呢？」

曹參受到皇帝的責罵，馬上摘下官帽，向皇帝謝罪，並反問：「陛下，請您自我審察一下，以您的英明神勇，比起高祖皇帝來，又是如何呢？」

惠帝說：「我怎敢和高祖皇帝相比擬呢？」

曹參進一步追問：「再請陛下審思，以微臣的能力和賢明，比起前任宰相蕭何來，又如何呢？」

惠帝說：「卿似乎略遜一籌。」

此時，曹參趁機進言：

「誠如陛下所言，您遠不及高祖皇帝，微臣亦遠不及前任宰相蕭何。何況，高帝與蕭何丞相平定天下後，制定明確而合理的法令。當前最重要的是，陛下只須垂拱而治，那我等作臣子的也只要固守本職，遵守前人的遺規，行事勿失，如此便已足夠，何須再畫蛇添足，做些無益的事呢？」

惠帝深為他一番話所折服，從此，便採取「無為而治」的政策，因而成為史上有名的治世時代。

14 國君慧眼識人

知人之智

中國歷史源遠流長，歷經二十幾個王朝，也相繼上往了無數個皇帝，其中雖有明君也不乏傾國的昏君。若仔細觀察這些昏君，不難發現他們都具有超常的素質，卻因用人不當，觀事不明，而為佞臣左右，致使千秋大業頃刻崩解。

治理國事，靠君王一人之力是不夠的，必得有良臣輔國。「輔國」輔導國政，但若輔國之臣乃奸佞之徒，則滅國不遠！故而知人善用實為一國之君欲振國事的法寶之一。

談到知人善用，立刻讓人聯想到唐太宗。

唐太宗為一代賢君，既可言文治，亦可語武略，能勤內治，又善外攘，是有名的「貞觀之治」。

太宗即帝位後，知人善任，從諫如流，不時勵精圖治，惟恐不逮。茲就其與諫言魏徵之編窺其一、二。

一日，太宗召傳群臣，從容坐論，徵亦在側。太宗道：「朕聞西域賈胡購得美珠，恐為人竊，特別身藏著，此事可得聞乎？」

群臣道：「誠有此說。」

太宗道：「此賈胡所為，人皆笑他愛珠亡身，若官吏受贓與帝王好利，卒致身家兩敗，豈不是與賈胡相等麼？」

徵隨口答道：「昔魯哀公與孔子言，謂人有徒宅忘妻，孔子答稱桀、紂且忘自身，比忘妻還加一等，這與賈胡事亦覺相類。」

太宗又道：「誠如卿論。朕與卿等須自知保身、同心一德，方免為人所笑。」

徵等俱聲遵旨。太宗又問徵道：「人主如何為明，如何為暗？」

徵對道：「兼聽即明，偏聽即暗。若堯清問下民，所以有苗罪惡，得以上聞。舜明四目，達四聰，所以共、鯀、驩、兜，不能蒙蔽。秦二世偏信趙高，被弒望夷。梁武帝偏信朱異，餓死台城。隋煬帝偏信虞世基，也變起彭城閣中，慘遭縊死。可見得人君偏聽，非危即亡，必須兼聽廣納，近臣乃不得壅蔽，下情無不上達了。」

太宗點首稱首。

魏徵容貌不過中人，卻有膽略，經常冒犯主上而苦諫，即使逢著太宗動怒，亦必再三剖辯，期能啟迪主聽。

魏徵謝世時，太宗親視太殮，撫棺訣別，悲痛之情如喪考妣；臨喪時更登苑西樓望哭盡哀，甚而自製碑文並為書石，嘗語侍臣：「以銅為鏡，可正衣冠，以古為鏡，可見興替；以人為鏡，可以知得失。徵歿，朕亡一鏡了。」

為君若得臣若魏徵如獲左右手，而為臣若如魏徵承君之知遇實也無憾了。

別具慧眼

後漢末年，由於皇帝幼小，外戚、宦官各擁勢力，「黨錮之禍」不絕，造成權力核心的危機，致群雄崛起。其中以劉備、曹操、孫權為最，勢分天下。

曹、劉、孫三雄，論才略不分上下，三雄均秉賦知人之智，所不同的是曹、劉在創業，孫權則為守成。

三國時，曹魏人才之盛凌駕蜀、吳，尤以荀彧為首。董卓之亂時，荀彧往附冀州牧韓馥，至袁紹奪馥位後待彧以禮，然彧度紹終不能成大事，前去投奔曹操，操見之大悅曰：「吾之子房也。」以為司馬，時年二十九。（見魏志荀彧傳）

此後，彧輔佐曹氏平定中原，厥功甚偉，司馬光謂：「建安之初，四海蕩覆，尺土之民，皆非漢有，荀彧佐魏武而興之，與賢用能，訓卒勵兵，決機發策，征伐四克，遂能以弱為強，化亂為治，十分天下，而有其八，其功豈在管仲之後乎？」（彧傳盧弼傳解引）

由上可知，千里馬尚需有能者駕御。

談到三國自不免令人想起「隆中對」中的兩立主角：諸葛孔明與劉備。孔明未出茅蘆能知天下事足見人所不及，而劉備為覓得已用，以尊貴之軀三顧茅蘆，足見其氣宇恢宏及識人之智。

孫權之知人善任，不亞於曹、劉，其幕下不僅得周瑜、魯肅、呂蒙等帥才，將才如程普、黃蓋、韓當、蔣欽、周泰等皆江表之虎臣，且由孫權與陸遜論瑜、肅及蒙之談話可窺其知人之智了！

「公瑾雖烈，膽略兼人，遂破孟德，開拓荊州，邈焉難繼，君令繼之。公瑾昔要子敬來東，致達於孤，孤與宴語，便及大略帝王之業，此一快也。後孟德因獲劉琮之勢力，張言方率數十萬眾，水步俱下，孤普請諸將，咨問所宜，無適先對。至子布文表，俱言宜遣使修檄迎之，子敬即駁言不可，勸孤急呼公瑾，付任以眾，逆而擊之，此二快也。且其決計策意，出張、蘇遠矣！後雖勸吾借玄德地，是其一短，不足以損其二長者。周公不求備於一人，故孤忘其短而貴其長，常以比方鄧禹也。又子明少時，孤謂不辭劇易，果敢有膽而已。及身長大，學問開益，籌略奇至，可以次於公瑾，信言議英發，不及之耳！圖取關羽，勝於之敬，子敬答孤書云：『帝王之起，皆有驅除，羽不足忘。』此子敬內不能辦，外為大言耳！孤亦恕之，不苟責也。然其作軍，屯營不失，令行禁止，部界無廢負，路無拾遺，其法亦美也。」

（吳志呂蒙傳）

（大意：公瑾雖性情剛烈，但膽識過人，擊破了曹操。至於拓展荊州的事業，看起來是前途渺茫，難以繼往開來，就請君你去承繼這個職務吧！公瑾從前要子敬前來東吳，向我致意。我於是與子敬設宴交談，終於大略做到帝王之業，這是第一件令人快活的事。後來曹操因獲劉琮的勢力，揚言要率領十萬軍兵，水陸齊下。我遍請諸將，向他們請教如何採取應變措施，但皆無人提出適當的建議。當子布、文表都說應派使者去迎接曹兵時，子敬反駁不可如此，反勸我立即召回公瑾，將統帥軍兵大任交付予他，反擊了曹軍，這是第二件快慰之事。至於他的計策謀略，實出張儀、蘇秦之上，雖因勸我將土地借予劉備而有缺失，但此不足傷及前二優點。周公從前不是也沒有要求一個人要完全做到無缺的地步嗎？因此，我便忘棄短處，尊其長處，我也經常拿此與鄧禹相比。又子明年少時，我曾說他不善言辭，但果敢而有膽略，及他長成，果然學問更加淵博，策略亦深奇奧妙，可說僅次於公瑾，有關議論他的為人英明之言亦不時傳入我的耳中！他曾因設計擒拿關羽而勝過子敬，子敬卻在脩書中答覆：「當帝王要興起時，必得排除一些障礙，關羽實不足以顧忌。」這其實是子敬無法勝任內政而對外之大言。但我依然原諒他，不予斥責。至於他率領軍隊，可謂無可訾議，從未有過錯失，無論是執行命令或約束軍吏，皆使所管轄處無人敢輕廢自己的職責，做到路不拾遺的境界，可說是相當完美的了！）

15 詩人與《菜根譚》

白樂天

白居易字樂天，有才名，嘗作樂府百餘篇，規諷時事，流傳禁中，憲宗特擢為翰林學士。後因幾番入諫，不見信用，求出為杭州刺史。

每當公暇，輒至西湖遊賞，因築堤湖中，蓄水灌田，可潤千頃，世稱白堤。又復濬李泌所開六井，民得汲飲，普霑惠澤。旋受命為左庶子，分司東都，更調為蘇州刺史。文宗即位，召為刑部侍郎，封晉陽縣男。

嗣見牛李黨爭，不願留京，乞病仍還東都，除太子賓客分司。自思隨俗浮沈，忽進忽退，所蘊終不能施，乃與弟子行簡及從租弟敏中，流連詩酒，樂敘天倫，且就東都所居種樹鑿灘，暇則遊覽，自號醉吟先生。

由上述之言，足見白居易實乃性情中人，入仕時一心繫念國事安危，不惜孤詣諫言，出仕時又能海闊天空，棄浮名於塵外，真真神仙人物。雖然如此，但仍以造福百姓為念。

「天平山上白雲泉，雲白無心水自潤。何必山下去奔衡，更添波浪向人間。」

（天平山上白雲悠悠，源源的泉水在流動著，一切是如此平靜祥和，彷若仙境一般。為什麼還要流到山下，邁入塵世，騷亂世間呢？）

好個「何必山下去奔衡，更添波浪向人間。」一語道其閒雲野鶴的真性情。

李白一首「山中答俗人」——「問余何事棲碧山，笑而不答心自閑。桃花流水杳然去，別有天地非人間。」

（有位俗人來問我為何住此山中，是因辭官隱退？亦是不齒世俗紛嚷？我笑而不言，但心中悠然無掛。君不見那潺潺水流，桃花飄散其上，隨波迴轉，多麼地清閑自在，這與汲汲利祿功名、爭權奪勢的世俗是截然不同的天地。）

正好替「何必下山去奔衡，更添波浪向人間。」做了最好的註腳。

李白

唐朝因專用詩賦取士，故而詩人輩出，以李白的成就最大。

李白字太白，蜀人，本是唐朝宗室，遠祖曾出仕隋朝。賀知章見其文，歎為謫仙，言於玄宗，供奉翰林，甚為愛重。然李白個性灑脫不拘小節，於賦清平調時，使高力士脫靴，高力士懷恨在心，摘其清平調詩句以激楊貴妃，帝雖欲官白，貴妃幾番阻止，終至丟官。李白是個放蕩不羈之人，丟官後，遊山玩水，縱酒作詩，全任自然。

「花間一壺酒，獨酌無相親；舉杯邀明月，對影成三人。月既不解飲，影徒隨我身；暫伴月將影，行樂須及春。我歌月徘徊，我舞影零亂；醒時同交歡，醉後各分散。永結無情遊，相期邈雲漢。」

此詩雖是一人獨飲，卻引出又是月又是影，好不熱鬧。「醒時同交歡，醉後各分散」點出李白的瀟灑個性。物我本無情，一經相遇，便生樂，只是永結無情遊，相期邈雲漢，足見各士結交非俗。

「燕草如碧絲，秦桑低綠枝；當君懷歸日，是妾斷腸時。春風不相識，何事入羅幃？」

詩人的心是纖細的，是多感的，往往把主張或觀點寄情於文字。此時已除去了戲耍味，又是另一番心情。

首句燕草、秦桑，南北異地、物候各異，以引起思字，「當君懷歸日，是妾斷腸時」。刻骨銘心的思念，未嘗不可作為思念玄宗的解釋，尤其是後句「春風不相識，何事入羅幃」自懷貞潔的心意躍然紙上。

屈原

屈原為東周列國時代楚懷王的大夫。適值齊楚結納，秦王採張儀之計，離間齊楚，此事件中，楚王深受其害，真個欲得張儀之肉而食，然得著張儀之後，卻在張儀的撥弄之下，反遭困陷。其間屈原幾番進諫，都因佞臣靳尚阻擋而功敗垂成。史官有詩云：

「張儀反覆為嬴秦，朝作俘囚暮士賓。堪笑懷王如木偶，不從忠計聽讒人。」

最後懷王客死於外。屈原一方面痛懷王之死；一方面屢屢進諫，勸頃襄王進賢遠佞，選將練兵，以圖雪懷王之恥。但事為靳尚得知，竟惡人先告狀，頃襄王聽信讒言削去屈原之職，放歸田里。留放後的屈原每日披髮垢面，形容枯槁，行吟於江畔，見楚事至此，不忍見守室之亡，一日晨起，抱石自投汨羅江而死。當日為五月五日，楚人為救屈原，紛操小舟出江搭救，出已無及。乃以米食投於江中以祭之，相沿至今已成風俗。

可歌可泣的愛國志士屈原，他的死只能解釋為千里馬未遇到伯樂。在「漁父」中的「舉世皆濁我獨清，眾人皆醉我獨醒」可代表他的心聲。設若當時懷王聽他之言，亦不至客死在外，歷史亦將有扭轉之勢。如今只遺人嘆耳！

如何瀟灑地面對死亡

人生之路沒有捷徑，非得一步一步走過不可，當你走到盡頭，回顧這一生，可說是諸般滋味盡在心頭，只是如何品味，各有巧妙罷了！

白樂天的「形羸自覺朝飧減，睡少偏知夜漏長。實事漸消虛事在，銀魚金帶繞腰光。」（隨著寒署遷化，年歲的增長，雖得到許許多多的勳賞，然而虛虛實實，真真假假，這些圍繞身旁的東西，其實不過是虛浮而無意義的事罷了！）

相信不少人有同感吧！

而杜牧的「落魂江湖載酒行，楚腰纖細掌中輕。十年一覺揚州夢，贏得青樓薄倖名。」

（我現在潦倒於江湖之中，有時在船上載了美酒任意遊行。看見揚州這地方的歌妓舞女，腰兒纖細、體態輕盈，彷若漢室的趙飛燕，可於掌中舞蹈。十年來，我在此過著承歡侍宴、尋花問柳的生活，如今醒來，好似作了場夢，而我得到的只是青樓歌妓們的薄倖郎名罷了！）

提到死亡，即便是一個剛毅的勇者，也不免為「逝者如斯，不舍晝夜」的歲月而懊嘆。只是經過了許多逼仄曲折的行路，怎麼到了此刻胸懷坦蕩，無爭無執之時竟打住了！其實，這不過是所有生命複製的模式之一罷了！

一日泥褐色翻滾的稻浪中，雁群嘎然飛過，一隻老雁尾隨隊伍之後，作無力的努力，夕陽依然燦爛如昨，能告之世人的是一天又結束了。

宇宙的循環如此，植物的花開花謝如此，動物生命的更替亦是如此，人又當如何，頂多活著數十寒暑填補得更充實罷了！

李煜

若要找出中國歷代君王，際遇多乖、命運悲慘者，當屬南唐後主李煜為最。

當宋太祖圍攻南唐首都金陵時，李煜正接繼王位，君臨南唐。由於敵軍節節逼近，後主萬念俱灰，以為已至最後存亡之秋，於是派了使臣徐絃至宋太祖處，表示願意歸順，請求宋太祖寬大為懷，手下留情。

徐絃請願之詞儘管卑屈，太祖依然心如鐵石，未肯鬆口。徐絃一時愕然帝側，不一會兒便告辭退去，後來他再以朝貢使節的身份覲見太祖，虛張聲勢地說：「南唐百姓，何罪之有？」

太祖怒目按劍喝道：「你這蠢才，南唐百姓確是無罪！但我明白告訴你，天下本是一家，在我眠榻之旁，豈容他人高鼾？」

徐絃見太祖瞋目怒視，雙腳戰慄，急急逃回南唐。後主見大勢已去，雖戀戀不捨，卻也不得不降於敵軍。於是便作了一首題名為「破陣子」的詞——「四十年來家國，三千里地山河。鳳閣龍樓連霄漢，玉樹瓊枝作煙蘿，幾曾識干戈？一旦歸為臣虜，沈腰潘鬢消磨，最是倉皇。辭廟日，教坊猶奏別離曲，垂淚對宮娥。」

（自從建國以來已有四十年之久，我的國家曾以列國之雄鼎足天下。遙望連綿的山河，幾達天漢的豪麗宮殿。院中樹木林立，籠罩一片縹緲雲煙。如此美好的國度，何曾想過將遇干戈利器，形將受敵軍蹂躪？……自降國成為俘虜後，就像古時的沈約，腰帶漸瘦；又如美貌稱世的潘岳，鬢髮蒼白，風韻已蕩然無存。記得當我交接城池日，要向祖先太廟告別時，邊聽軍樂奏出黯然銷魂的別離曲，邊與宮中女官揮淚告別，此情此景雖是過往雲煙，卻依然歷歷在目……）

宋蘇軾曾訾議其詞曰：「一旦決定降宋，應先於祖先太廟慟哭，向人民謝罪，怎可與宮中妃后戀戀不捨?這實非人君應有的行為。」

但是，不管怎麼說，這首詞確將一位君王敗戰的悲哀描寫得淋漓盡致，令每位讀者都不免要掬一把同情之淚。

李煜的悲慘命運，最後因在他囚禁中作了「虞美人」，觸怒宋太祖，而被毒殺結束。這首詞可說是大家耳熟能詳的——

「春花秋月何時了？往事知多少，小樓昨夜又東風，故國不堪回首月明中。雕欄玉砌應猶在，只是朱顏改。問君能有幾多愁？恰似一江春水向東流。」

春天最美的是花，秋天最美的是月，春花與秋月形成大自然永恆的循環。面對如此美妙與生生不息的景色，想到自己悲慘的身世，自不免興起人事無常的悲嘆。眼見如此嬌美的花兒與皎潔的月色，不禁回想起過去的歡樂時光。在這座孤寂的高樓上，昨晚又欣起一陣春風，想到明月下的故國山河，怎勝這悲傷離情？

想像中的故國，一欄一砌應是依舊美好無改。但如今人事全非，身處敗殘而於此苟延喘息。瀰漫胸中的萬般愁緒匯集成洶湧波濤的長江大河，滾滾而下，且無窮無盡地流著。

交友須帶三分俠氣，作人要存一點專心

人與人交往，絕非僅止於飲食談笑而已，尚有相互扶持、禍福與共等的俠義之氣，方不失男子本色。若一味惟利是圖，則失之交友之道。除此之外，人之所以為

人，除適應時代潮流，還需擁有一顆純潔的心，蓋大丈夫存心行善渡世，對不良之習俗，自不可全部拒絕。若自命超然，拒人於千里之外，不問世道興衰，亦難獲得世人之尊敬。

人的一生靠自己展現，既可以似君子坦然行事，又可似丑人遊戲人間，只是把火力盡情燃燒到頂點，然後倏乎劃破天空，消失殆盡，豈不更合於生命原始的存在意義。

國人常把「人格」、「作人」等語掛在嘴邊，當作自衛或攻擊別人的利器，用久了，豈不成了以己之矛攻己之盾？可是這種自覺並未普遍。堂而皇之的道理人人會講，用在自己身上卻永遠行不通，這是中國式的悲哀；如何跳出這種自欺欺人的漩渦，只有深諳素心之道了。

現今的時代已非往昔農業式的牛步調，幾乎可用一日千里來形容社會的迭替；工商業極速發展的行列中少不了台灣人，世人以經濟奇蹟來顯彰我們的努力，在這樣一個辛勞的國度裡，蓬勃的現象有之、奢侈的情形有之，但可怕的是各層面不斷在漫延的是一般嚴重缺乏明辯是非與榮辱之心。

前陣子一再出現報章雜誌的仿冒、偽造、以及逃至國外的經濟罪犯，其所作所為，影響到的絕非國家形象。更有甚者，繼之而起的「毒奶事件」更爆發了商人不顧民眾健康，只為己利的自私行為，看來今後的消費者是步步惟艱了！

在多件醜事紛紛暴露之後，國人應該檢討了。今世之人如屈原之忠，白居易之宜，李白之瀟灑、李煜之順已不多見。為何今不如古？是利慾薰心亦或國人的美德已不存在？人之一生不過數十寒暑，若遺臭萬年可是代價不貲，為了保有我們優良的品德，三分俠氣、一點素心可是要珍惜的。

16 在上位者應有的資格

何謂魅力

做為一位君主或大臣，如果不具備令人心服口服的領導能力——魅力，便稱不上好的君主或官吏，因此，即使個人的脾氣倔強或有些缺點，也須具備吸引他人的特點才行。

那麼，什麼是「魅力」呢？它無臭無味，摸不著也看不見，它是一股無形的力量，也就是吸引他人的特點。這正如「戀愛」一般，須得身歷其境，方知個中酸甜滋味。

如有人問：「你為何愛我？」而對方答道：「因為妳很美麗。」事實上，這是十分愚昧的，亦可知對方膚淺不實；或者有人會答：「因為你誠實，親切且美麗。」這回答雖比前者略勝一疇，卻不見得會令人神魂顛倒，魂牽夢縈。那麼，最高明的回答是什麼呢？那即是「因為我愛妳，因為我愛妳，因為……」如此的回答，即使高傲不屑於世的女孩，也會怦然心動，心花怒放。

以戀愛心理學來分析，稱讚對方誠實而喜愛對方，尚停留於戀愛情緒的批判階段，這與真正的為戀愛而戀愛雖儘是一線之隔，卻非絕對而純粹的，故不能稱之為戀愛。反之，戀愛是沒有理由，也沒有誠實、美麗等區分的。凡是戀人在自己的眼中都應是美麗的，所謂「情人眼裏出西施」，一語道破戀愛實是盲目的，儘管對於有萬般短處，亦不能停止愛他，這才稱得上是真正的戀愛。

有位將軍由於敗戰緣故，決心將軍隊解散，讓士兵返回家園，當中一隊的隊長是位年輕的青年。當將軍決意遣送隊員還鄉時，隊員皆暗自高興，心想即可與闊別多年的妻兒相聚，重享天倫之樂，因此迅速整裝準備離去。就在大家忙亂整治行旅時，年輕的隊長突出一言：「我要留在此地與將軍同生死，共患難。」

聞者莫不愕然而問其理何在？隊長聲淚俱下答道：「將軍是位不凡的人，與他接近一日便令人不捨離去，更何況與他一起已有許多時日，因此我決心跟隨將軍，不論是生、是死都要留下。」

一位將軍能使屬下心悅誠服地追隨到底，姑且不以成敗論英雄，若是能做到此種境界，雖敗亦可無憾了！由此亦可見其魅力之所在。

修己安人

地位愈高則愈需有吸引人的魅力。然而，如何方能使屬下心服口服、忠貞不貳呢？那便是「修己安人」——也就是大學中說的「修身、齊家、治國、平天下」。

子路曾問孔子怎樣才算得上是一位真正的君子。

「子路問君子。子曰：修己以敬。曰：『如斯而已乎？』曰：『修己以安人。』曰『如斯而已乎？』曰：『修己以安百姓。修己以安百姓，堯舜其猶病諸！』」

此段的大意是說：子路問孔子如何才算是君子。孔子說：「以敬修養自己的道德人格。」率直而不深思的子路又問：「這樣就夠了嗎？」孔子回答：「自己修養好了，再去安定別人。」子路又問：「這樣就夠了嗎？」

這時孔子以嚴峻的表情說：「自己修養好了，再進一步使百姓生活安定。修養自己，安定百姓，連堯舜都怕還不能完全做到呢！」

孔子也曾說過：「鳥獸不可與同群，吾非斯人之徒與而誰與？」

換言之，一個人的愛情須以人為對象，而將此愛心推廣至大眾，澤加於人，才是從事政治最有效的方法，亦即「修己安人」的最佳捷徑。

學問的陶冶

此外，孔子也指出不好學而易陷偏頗之處來告戒子路。茲錄於下：

「好仁不好學，其蔽也愚」——只喜歡仁而不喜歡學習，所受的蒙蔽是愚昧。

「好知不好學，其蔽也蕩」——只喜歡智而不喜歡學習，必會受放蕩的蒙蔽。

「好信不好學，其蔽也賊」——只喜歡信而不喜歡學習，所受的蒙蔽是賊害。

「好直不好學，其蔽也絞」——只喜歡正直而不喜歡學習，所受的蒙蔽是處事急切、毛躁。

「好勇不好學，其蔽也亂」——只喜歡勇而不喜歡學習，所受的蒙蔽是禍亂。

「好剛不好學，其蔽也狂」——只喜歡剛毅而不喜歡學習，所受的蒙蔽是狂躁。

以上各點，只要我們回顧抗戰期間日人兇殘的惡行，便不難了解其間的真義。

君子避嫌

記得祖父常以《論語》中——「其身正，不令而從；其身不正，雖令不從」做為處事的原則。

此段的大意是說：位居上位者，如能廉潔自愛、正直為人，雖不曾下達命令，在下者自會引為典範，奉公守法；若是上位者不能言行一致、潔身自重，那麼即使下了許多命令，在下位者亦不能心服口服，更無法遵從政令。歷史上關於暴君敗亡的例子不勝枚舉，而如少康中興、雖小國寡民，只要在上者能莊恭廉潔，百姓自能沐浴教化，團結一致，復國雪恥。

希臘名著《英雄傳》的作者布爾達克曾說過：「凱撒之妻不應受絲毫的嫌疑。」地位高者如果行為不檢，讓人民有隙可擊，那麼，人民必然不肯遵從政令，更不信任在上者的所做所為。中國有句名言——「君子防未然，莫如嫌疑間」，清廉的官吏雖小節細行亦是如履薄冰、如臨深淵般地謹言慎行。亦惟有如此才能獲得民心，廣推善政。

凱撒身為大國之君，自是不容有隙於人可擊，而其妻身為君王之妻，必需母儀天下，又豈可遭人訾議？假若凱撒之妻接受小人的賄賂，為人收買，那麼，凱撒亦有為人買從之危。由此而觀，做為一個君子，行得正才能光明磊落地領導屬下，所謂「巧言令色，鮮矣仁」，小人的甜言蜜語雖可使人心花怒放，但其背後卻是包藏禍心，不可不慎。

子路曾問孔子為政之道。孔子回答：「先之，勞之。」意思也就是說：領導民眾，凡事自己要率先比他們先去實行。子路當時希望孔子能再多予指點，於是夫子提示他要能「無倦」——亦即持久不怠倦之意，不可中途而廢。

所謂「民可載舟，亦可覆舟。」地位愈高，則更須謹言慎行。正如「韓非子」所言——「人主以二目視一國，一國以萬目視人主。」這正說明萬目所指，不可須臾背禮犯義；否則將為人民所棄。

17 帝力於我何有哉？

小市民的心聲

「堯帝治天下五十年，天下治乎？不治乎？不知億兆願戴己？不願戴己？問左右而不知；問外朝而不知；問在野而不知。乃微服遊康衢。

聞童謠曰：『我立烝民，莫匪爾極。不識不知，順帝之則。』

有老人，含哺鼓腹，擊壤歌曰：『日出而作，日入而息，鑿井而飲，耕田而食，帝力於我何有哉？』」

大意是說：帝堯治理天下已有五十年，一日忽想到自己雖然如此盡心地施行善政、造福人群，但不知人民是否已受恩澤？而人民又是否真心擁戴我？或者我依然有所疏誤，未能廣被善澤？

因此，內心十分著急，找了左右親信大臣來問？然而，不得其要；接著又問官僚、民間小役，依然不可得知。於是決定裝扮民行，至各地親訪百姓。

帝堯微服走入市井，見人群熙攘，忽聽一群孩童唱著童謠：「百姓生活所以安樂是帝堯所賜，我們無須煩憂，只要依其領導去行便可。」聽到孩童的無心之言，感到十分欣慰，心想教化殆不可能未有普及者，又繼續前行。

忽然又看一位老者，邊吃東西，邊拍打肚皮，用腳算拍子，歌道：「日出時刻我便至田裏工作；太陽下山我便荷鋤回家休息。隨便掘地便有泉水源源湧出；只要辛勤努力工作便有收穫。帝王的權勢、力量於我有何關呢？」

晉朝時有位大將曾說：「當大官的往往見不著三樣東西。」這三樣東西是什麼呢？

第一樣是「錢」。由於大官可任意揮霍金錢，如此錢對他說來便不具任何意義和價值。

第二是「人」。當一個人位居高官後，身邊圍繞的盡是些自己的親信，這些親信可能為了逢迎阿諛，而蒙蔽上者所不願見聞的事實真相。故往往不知民心所向如何，更不知自己的缺失何在。

第三便是「民心的歸向」。小人的圍繞，難免有對人民疏忽之時。輕者，人民怨之；重者，人民揭竿而起。如果一位大官無法認清這三件要事，那麼，他的末日也必然很快地來臨。

為了防範這些蔽病，近來甚至有人建議「隨時將優秀的記者置於身旁」。亦即一位為政者，若只憑官方的資訊，經常會因為資訊不正確而導致錯誤的判斷。這一點，不管是為政或經商都是十分值得注意的。

唐時，某知縣為要推行德政，但又深怕自己仍有疏誤之處，因此，特別下了召示：「如有人聽到關於本府的批評請即刻告訴我，但無須將說者之名報出。凡能將他人對我的批評告訴我者，必有重賞。」

這位睿智清明的知縣所以不要批評者的名字，除了表現個人的氣度寬大、胸懷磊落，同時亦合乎人類的心理作用。因為一旦將批評人的名字報上，則無論多麼賢明的君臣，亦可能心存疙瘩而久久不能釋懷。

記者的功用及界限

然而，又為什麼要隨時將優秀的記者置於身旁呢?這乃由於記者與時代、社會有著密切關係，同時能在社會大眾中找尋最實際的社會資料。

有句話說：「記者須經常穿梭於社會人群之中；但並非被社會人群所埋沒。」由於記者接受過嚴格的訓練，任何情況下都能保持其客觀性。即使對方是最崇拜的人，也能站在客觀的立場，冷靜地旁觀一切，並予以最敏銳而誠實的直諫。

記者的另一功效是他能將所有收集來的片斷資訊，予以分析、統合，根據明確的資料，組織成有系統而齊全的資訊。

如何有效地使用這些資訊，還得看上位者的智德才能。若是不了解記者的能力界限，也將導致不良的後果。

有句話說：「旁觀者的批評是最為苛刻的。」對政治家或上位者而言，他們的一舉一動都受到他人的注意；而新聞記者，由於不是真正採取行動或政令者，自難明瞭其間的辛酸。這好比踩他人的腳一般，踩人者不可能體會被踩者的疼痛，所謂「如人飲水，冷暖自知」，沒有經歷失敗的痛楚，自是難以體會其間的冷暖。

維吉尼亞漢普登的希得尼大學教授——潘登先生曾說過：「即使羅斯福或邱吉爾遇到今天的記者，大概也無法繼續做下去。」這是因為邱吉爾的酒癮極兇。

大眾傳播雖具有十分重要的功效，有時卻流於過分揭發他人的隱私。而一位當政的人，除了要具備充分的才能利用收集到的資料，更要能對隱私權的暴露有所應對才行。

18 湯王的祭文

決策操之於己

一國的命運如何，決定於當政者的政策是否合宜。所謂「牽一髮而動全身」、

「失之毫釐，差之千里」，行動者的難處正是在此。因為當他下一個命令時，便以拿國家的生命在賭博，若不能運用得當，只恐遺臭萬古，為人不恥。

然而，以一位不行動者的立場來批評政治的得失或者經濟的成敗，往往會被眼睛所見的事實蒙蔽而流於理論的苛刻攻擊，產生極大的錯覺，以為「如果是我將可做得怎樣怎樣……」。這種人一旦參與政令，投入其中時，泰半不能有所成就。所謂「聚集專門做不好一件事」即是因此而來。

是以聰明的主政者，除了有清明、靈活的頭腦外，也需有遠大的目光，不可因小志而亂大謀，必須有自己的主見及睿智。

湯王的祭文

由於連續七年的乾旱，使得米穀不黃，飢荒時起，生民塗炭，湯王於是到桑林祈雨。他在祭文中如此寫道：

「是否因我政治失節而紊？是否因民失職而迷於街頭？是否因我住的宮殿過於華麗？是否宮中女謁盛行而失清明持正？是否因賄賂橫行、貪污四起而害正道？是否因讒言通行而退賢者？」

所謂「約己以重，責人以輕」，要嚴責他人的缺失，追究責任所在實是輕而易舉。但若要做到折躬自省，察覺自己的失誤與愚昧，則非易事。

商湯祈雨的祭文中，舉出了六項反省之目，同時亦責備自己德之不修，故未造福百姓。這六項反省實濃縮了一切政治哲學之理，雖歷千年之久亦行之不廢。

在現實的社會中，政治無法與權勢、組織分離，這實正是政治得失利弊產生的原因。

對人類而言，最大的願望便是獲得權力。而金錢、酒肉與之相比則微不足道。這種現象實是令人驚駭且值得警惕的。

當一個人被權欲所支配時，便會從事貪污、賄賂等情事，有時甚至不惜賣妻鬻子，妻離子散亦在所不惜，令人痛心之至。

然而，權力本身並非罪過，如能以「犧牲小我，完成大我」的服務精神從事政治，則人民可適其所從，安享其樂。

由此而觀，國家禍福繫於權勢者的手中，不管是政治人士或財經人士，都應將湯王的祭文置於左右，奉為圭臬——

「政，非節乎？民，失職乎？宮室崇乎？女謁盛乎？苞苴行乎？」

19 事實的真相

白人往南，黑人往北

中國自古便有「天視我民視，天聽我民聽」的政治思想。帝堯「微服遊康衢」即是此種思想的實踐。這是因為怕真相事實被蒙蔽，故須實地走訪，以了解事情的原委曲實。

當我們到國外考察他國的實情時，如果以會晤權勢者的政見發表或名作家的談話為真實情況，往往會發生極大誤差而不能體察內容真相。故不如去收集坊間所流行有關政治性的報導更易明瞭該國的實際狀況，因為這些報導往往是民眾的心聲反應，未曾文飾與保留。

就在二十幾年前，美國紐奧爾良曾流行一段話——

「White goes south.」（白人南行）

「Black goes north.」（黑人北走）

「Cotton goes west.」（棉花西行）

「Cattle goes east.」（家畜東行）

這段話是來往於密西西比河的美國推銷員所流行的口頭禪。其意是說：科技的進步及冷暖氣調節設備的優良，白種人已漸遷離北方，至南方從事新企業的開拓。又由於南方有廉價而豐富的勞工，此種趨勢則更加強烈；而對黑人問題，則因北方的種族歧視較為淡薄，如今亦有漸向北行的情形；又因為田那西狹谷的開發，乾旱的沙漠如今獲得水源滋潤而綠化，如此一來，棉花及勞力亦漸漸西移，並且有壓倒性的勢力；最後則是由於華盛頓、費城、紐約、波士頓等地的都市化，人潮擁進都市，家畜與食糧則有向東發展的轉移。

如果我們將美國後來的發展情形與此詳加比較，則不難發覺其間真意，且令人讚嘆不已。這些雖出自名不經傳市井小民的口中，但其敏銳而準確的觀察力則是值得矚目及深思的。

於此我們亦可發覺低階層的勞動者雖不能發令施政，甚至一言一行皆不受大眾的特別關注，然而這不正是他們之所以能表現事實真相之所在？

子產論尹何為邑

鄭國上卿子皮擬派尹何做其邑大夫，主治私邑政事。但子產於一旁說：「尹何年紀尚輕，不知能否勝任？」

子皮說：「尹何為人謹厚，善體人意，必然不會違背我的期望。先派他去學習學習，則便能知道處理政事、治理地方的道理了。」

當此之時，深謀遠慮的子產卻仍持反對的意見。而說：「如此是行不通的。凡愛護一人，必得有利於人。現在您提拔所愛護的人，就要叫他管理政事；這如同叫一個不會拿刀的人去殺牛宰羊一般，一定會傷害到自己。他是您所愛護的人，您卻讓他受傷，以後誰還敢求您賞識呢？」

子產深怕子皮尚不能明白其間利弊得失，乃婉言陳述。在《左傳》中曾記載著這麼一段——

「子於鄭國，棟也。棟折榱崩，僑將厭焉，敢不盡言。子有美錦，不使人學製焉。大官大邑，身之所庇也，而使學者製焉。其為美錦，不亦多乎？僑聞學而後人政，未聞政學者也。若果行此，必有所害。譬如田獵，射御貫，則能獲禽。若未嘗登車，射御，則敗績壓覆是懼，何暇思獲？」

（大意是：您於鄭國譬如屋的棟樑一般，若是棟樑折斷，屋椽也將隨之倒塌，就連我亦得遭到池魚之殃，怎麼敢不盡情地說出來呢？譬如您有美好的錦綢，一定不會讓初學裁剪的人去製作；大邑大官是終身所託庇的，如果差遣一個學習政治的人去治理，豈不是一如錦綢太多而無須愛惜呢？

我只聽說學習好了才可以辦理政事，卻未曾聽說以辦理政事來學習的。假若真是如此，必然會產生極大的弊害。這好比打獵，要先將射箭駕車都先學會，才能獵得禽獸；要是不曾駕御車馬，練過射箭，那只有失敗被傾覆的危險，那裏還能想看什麼收穫呢？）

子產的這一段說得合情合理，子皮聽了亦折服於其中肯的言辭。尹何雖然誠厚篤實，受人寵愛，但毫無政治經驗。子產本著愛人以德的觀念，例舉得失，衷心相阻，傾言相告。

因為子產深知若以一邑民眾當作試驗對象，影響之鉅，非同小可。如果一旦失敗，則受到傷害的不僅是匹夫小子一人，而是一邑之民。因此，若真以毫無經驗者去掌管政事，必是凶多吉少，豈可不慎？

子皮與子產情深篤厚，一個是知無不言，言無不盡；一個是從善如流，虛心接納，終不失其圓滿的結局。由此而觀，在上位者除了要有寬大的胸襟外，還得能認識事實真相，否則率性行事，則難保不會鑄成大錯。

諷喻（一）

談到自由世界與共產國家，最明顯的不同就是自由世界的人民可以擁有自己的財產，且能隨自己的意志去支配；而共產國家則不然，「共產」顧名思義——財產是大家所共有的，人民無權隨心所欲地去使用金錢；但是，根據階級鬥爭的結果，財產最後到那裏去了呢？

前蘇聯的第一號人物布里滋涅夫於莫斯科飛黃一時，位居高位。一日忽然想起自己的母親，故決意將母親接來，於湖畔別墅共聚一堂。

當母親抵達莫斯科，走入兒子房間時，看到眼前富麗堂皇的陳列，美如宮殿，不禁驚嘆問這些都是誰的東西？站於一旁的布里茲涅夫，得意而自負地說道：「還用說嗎？當然是我的。」

不一會兒，外頭來了兩部豪華轎車，準備接送二人至機場。當母親見到如此豪華的車子時，亦不禁感慨生平從未坐過此種車子，又問是誰的車子。這時兒子仍說是自己所有。

當兩人搭上專機時，母親深呼吸一口：「難……難道，這也是你的？」

「是的！」兒子臉上堆滿了笑容。

到了別墅時，皇宮般的擺設逼入眼簾，母親這次更加懷疑自己是否身置夢幻，而問別墅何人所有。

「你說什麼？連這也是你的！」母親驚訝地大叫。

兒子趕忙做個禁聲的手勢：「噓！不要太大聲。」

母親不解，問道：「為什麼呢？」

「因為如果被共產黨聽到了，麻煩可就大了！」

這雖是一段笑話，但對蘇聯共產黨的本質描寫得淋漓盡致，同時亦諷刺共產頭目的所作所為實是陽奉陰違，擅權行事的寡頭政治。

諷喻（二）

政治的成敗並不在於國土的大小，或者能夠以強大的武力侵略他國。同時，一國的安定也經常是在於臣子能婉言勸諫、引導主上邁向正導，而不被偏私奉承蒙蔽之故。

戰國七雄之一的齊國，有位名叫鄒忌的人。鄒忌身長八尺有餘，容貌俊美，一天早上，他穿好了衣服，戴好了帽子，照著鏡子問其妻說：「我與城北的徐公比起來，誰比較英俊呢？」

妻子回答：「您如此俊美，徐公哪裏能及？」

城北的徐公乃是齊國的美男子，鄒忘並無自信能勝人一疇。於是又問寵妾：「

我與徐公，到底誰較美呢？」

妾說：「徐公怎可與您相提並論。」

第二天，鄒忘家中來了個客人，鄒忘與他坐著聊天，又問他：「我與徐公，誰美？」

客人說：「徐公怎及得上您的英俊。」

次日，徐公來了，鄒忘細細地打量對方，覺得自己還是不如徐公美。於是又對著鏡子反覆觀察鏡中的自己，更覺得相差極遠。那天晚上，他睡在床上，久久不能瞌眼，想了又想，才恍然悟道：「妻子說我美是因偏私於我；妾說我美是因畏懼於我；而客之說我美，則是因有求於我呀！」

鄒忘明白了這個道理後，便上朝去謁見齊威王，並將事情曲折原委告訴威王，在《戰國策》中記載著這麼一段關於鄒忘勸諫威王的話：

「……，今齊，地方千里，百二十城。宮婦左右，莫不私王；朝廷之臣，莫不畏王；四境之內，莫不有求於王。由此觀之，王之蔽甚矣。」

齊威王聽了鄒忘所言，深為感動，乃下令：「群臣吏民，能面叱寡人之過者，受上賞。上書諫寡人者，受中賞。能謗議於市朝，聞寡人之耳者，受下賞。」

（大意是說：群臣百姓，如果有能當面指責我的過失，可以受到上等的獎賞；如有能上書規勸直諫於我的，能受中等獎賞；若是能於市朝評論我的過失，傳至我耳中的，可受下等的獎賞。）

威王的命令才下的時候，群臣進諫，門庭若市。數月後，進諫的人漸漸稀少。一年之後，雖想進諫，卻也無話可說。這情形傳至鄰國的燕、趙、韓、魏，都紛紛前來齊國朝見齊威王。這雖未用一兵一卒，但在朝庭、列國中，齊卻遠勝他國。

由此一事例來說，政治的得失誠非武力、戰爭所能一舉而成的。最重要的還在於能接受直言批評而革新圖治。這種例子於歷史上不枚勝舉。

為政者若能接受下位者的忠言直諫，推行全國上下關心的國政，則無不成者；反之，如秦的暴政，不准人民發言，終不免覆巢傾卵，可不慎哉？

史太林的遺言

史太林將離人世，躺在病塌上奄奄一息時，周圍的人皆覬覦他的權位而不安地徘徊著。

一日，史太林突然叫赫魯雪夫至他的身旁，並附在其耳邊說：「你將繼承我的位子，但很快地有許多人會因嫉妒你而抨擊你，那時你可以到克里姆林宮的地下室把兩封信拿出第一封來看，必定對你有利。」

赫魯雪夫聽完此話，立即便將史太林的氧氣筒開關關了起來。

正如史太林所預言，赫魯雪夫當政數年後，漸失權勢，輿論四起。他忽然想起史太林臨終的話，便走到地下室，打開第一封信。信裏寫著：

「把我當作惡棍！」

據說從這天起，人們對史太林的批判便紛湧而起。而赫魯雪夫亦因此獲得一時偏安局勢。

但過了不久，赫魯雪夫又漸失民心。這時他便又趕忙到地下室打開第二封信。這次信裏寫著：

「你也準備兩封信吧！」

20 君王的巧智

馬基維利的箴言

尼哥羅・馬基維利乃文藝復興時代，義大利具有政治才智，且充分發揮其政治手腕的政治天才。他最著名的《君王論》亦受到人們相當的矚目。

- 身為君王要為人民愛戴或畏懼呢？若能兩者具備最好，但與其為人民愛戴，不如讓人民畏懼來得安全。
- 依賴他人的武力或財富而建國的君王，必須即刻採取應對方法，否則處境十分危險，好比蓋好了房子再去打地基一般。
- 不論給予叛亂者多大的恩惠，有一朝他也會以過去之自由為藉口而揭竿。
- 給予原以為會受迫害的人們一些恩澤，他將終生感激不盡。
- 君王不可錯覺人們願為自己赴湯蹈火在所不惜，因為那只是不需要他們去冒生命危險罷了。

- 君王可行善作惡，但不可危及國家的存亡。
- 君王應該吝嗇，因為一旦徵稅，除了少數親信獲利，大多數的人皆心懷怨恨。
- 優柔寡斷的君王，將為大臣或親信輕侮，非常危險。
- 君王可被人們畏懼，但不可被人們怨恨。
- 方即位之君王要贏得人們的尊敬，必要有讓人驚奇的作為。
- 不要借強於自己國的強國去打戰，因為即使獲勝，戰利皆為他人所獲，甚至成為強國的俘虜。
- 君王智慧的高下，只要見左右宰相便可探知。
- 君王要對宰相寬厚，但勿讓他們抱有獲得物質以上之希冀。
- 為要罷斥讒言小人，最好的方法便是選賢與能，採納忠言。
- 是否採納忠言直諫，那要看君王的抉擇。
- 好的諫言應從君王的深思中產生，而不應從好的諫言中產生君王的深思。
- 在不得已的情況下，戰爭是正義的，而武力亦是神聖的。

●賢明的君王繼續二代，將可建立偉大的事業。
●無法徵調自己的國民來組成軍隊的君王，是不足為一國之君的。
●不要讓戰敗國的人民留有被奴役的印象。
●假如在戰場上失敗了，必要能在外交上獲勝。

以上這些箴言是從馬基維利的《君王論》中節錄而來。

馬基維利生於義大利的戰亂時代。當時義大利外受強鄰的侵略，內部又展開無數內戰，分崩離析，階級、黨派林立，可說正值存亡之秋。

馬基維利便於小國之一的都市國──弗羅倫斯擔任外交及軍事的樞機。不僅是在義大利本國，他也同時在法國、德國及瑞士等國發揮其縱無際涯的政治才能。另一方面，他也潛心於研究外國的政治情形，全力為保衛祖國而汲汲奔走。

有人說如要於現代找出與馬基維利相當的人物，那便是季辛吉。然而，其間的差距頗大。弗羅倫斯雖位政治及戰略要樞，卻不似美國自備武力，並擁有巨大的財富。於此亦可想像馬基維利的處境著實艱苦，而其才智超倫卓越亦可見一斑。

為了保衛自己的祖國，他寫下了《君王論》。這書不僅是一部兵法書，同時也集結馬基維利的智慧、憂國憂民的歷史存證，極受人們的讚譽。

然而《君王論》一書仍具備「變色龍」的性質。有時它給予麥第奇一派擁有大權的人一些暗示；同時亦予反麥第奇派的人能於書中找出對自己有利的見解。如此一來，不管是正、反那一派，都向馬基維利徵求政治意見。當然，馬基維利能受世人的尊重，這亦是重要的關鍵所在。後來教皇里奧熟讀此書後，便下令根據本書寫了《弗羅倫斯史》。

不過，馬基維利的著作亦如伽利略所言：「然而，事實仍是事實。」

也就是說，當一部書完成之後，便離開了作者之手，而成為讀者的書。同時，根據讀者的人生經驗、體會對書內容的詮釋亦大異其趣，有些人獲益極深；有些則一無所獲，因人而異。

21 強國是發揮志向的好去處

《韓非子》理論

在東方若要找出可與馬基維利相提並論的，大概只有中國的韓非了！

韓非是西元前三世紀，春秋戰國時代的思想家及政治家，他著作了一本《韓非子》，提倡法家的理論。同時他的政治思想也成了秦、漢立國的基礎。

韓非原出荀子之門。荀子雖出儒家，但與倡「性善說」的孟子學說不同，而倡「性惡說」。韓非深受此「性惡說」的影響，故其以後的立論亦大多由此而發。

韓非的父親為韓王。但由於他為側室所生，故身份極卑，雖為王族，其實虛有其名，家境寒苦。又加上韓非口吃成疾，自卑感極重。因此，他的理論時而出乎人情、十分冷酷。

韓非的著作很受秦王的讚賞，秦王政（始皇帝）曾慨嘆：「若能目睹此人，當無憾！」

當時與韓非同門的李斯回答：「這書係出臣同門的韓非所著。」秦王為了想見韓非一面，不惜出兵攻韓。其實這亦是李斯的計謀。他認為如此一來，韓必派韓非前來說服秦王。

果然不出所料，韓於強秦武力的攻打下，節節敗退，最後不得不出面求和，而派了韓非以使者身份前往秦國。

不久，韓非終於謁見了秦王。然而他的心情若何？是為了忠貞赤忱的愛國心去說服秦王？或許是，或許不是。

在《韓非子》說難篇中，一開頭便如此寫著：「凡說之難，非吾知之有以說之難也；又非吾辯之難，能明吾意之難也；又非吾敢橫失，能盡之難也。凡說之難在知所說之心，可以吾說當之……。」

（此段大意概括地說是指要說服人，必先要了解對方的心意，然後以自己的意念去說服，然而這也就是最困難的地方。）

假若我們根據此段的大意來看，韓非並非專為祖國的安危而來。

同門的猜忌

韓非所要說服的對象是當時最有權勢的秦王。而他本身又以戰敗使節的身份前來謁見，生殺予奪大權自然操之對方。如此看來，韓非心中若有能為秦王賞識則可被起用的想法，乃是天經地義的事了。

事實上，韓非本人亦曾說過：「同樣要設謀定計，以秦之強國來說，即使敗北十次亦無多大損傷；但若以燕之小國，只要一次便將一蹶不振，成致命之傷。然此並非意謂秦臣智慧特優，而是燕臣屬的才能卑劣之故。」

此外，在「初見秦」一篇中，韓非亦曾如此說：「秦若要奪取天下，將韓滅了亦無妨。」

但如此委屈求全的奏摺並無發生多大的效力。秦王雖然賞識他的才華，卻未能完全信服於他；或者也由於韓非患有口吃，當秦王見他時，不能將心中的意念完全表達，令秦王深感失望，再加上同門的猜忌，命運更是黯淡悲淒。

就在這時，深知自己才能遠不若韓非的李斯趁虛而入，惟恐秦王任韓非為相而自此將自己打入冷宮。李斯於是中傷韓非，並在秦王面前讒言：「此人到底為韓王族公子，袒護己國、忠於己家乃人之常情。即使陛下竭盡所能說服此人效忠於秦，亦不可能甘心為秦盡心盡力。如果將他長此拘留而放回，恐怕他深知我內情而為大患，還不若趁早將他處置方為上策。」

秦王深覺李斯的話不無道理，於是命屬下將韓非關進牢獄。聞知此事後，李斯即刻將毒藥送入囚房，逼迫韓非自盡。韓非本想晉見秦王，當面申辯，但心懷忌恨的李斯不許。秦王的赦免不及到臨，韓非飲毒結束了一生悲慘的命運。

司馬遷於《史記》的「韓非傳」中說：「韓非知說之難為，說難書甚具，終死於秦，不能自脫。」（韓非熟知遊說君王之困難，並曾於說難篇中詳述，但不幸終遭死命於秦，而難自脫。）語氣肯切而悲憫。

司馬遷本人的命運亦十分不幸，只因其為將軍李陵辯護，觸武帝之逆鱗而受處宮刑。韓非的死，對他來說便彷如自己的身世一般，故不免悲憫之情躍然紙上。

由愛轉恨

「夫龍之為蟲也，可擾狎而騎也。然其喉下有逆鱗徑尺，人有嬰之，則必殺人。人主亦有逆鱗，說之者能無嬰，人主之逆鱗幾矣。」

（龍只要能好好馴服，人便可以騎在其背上。但他的喉下有直徑約尺長的鱗還生著，一旦被人觸摸，龍即刻會將人嚙殺而死；君主亦有此逆鱗，若能在進言時避開逆鱗，可算是高明的了。）

——這段乃是《史記》韓非列傳中所說。

韓非以為說服對方時要先了解、洞穿對方的心理和慾望，這固然是十分重要的一點，但若不能完全掌握對方，或即使掌握住對方的喜怒好惡，亦可能因時、因地而有不同的效果。也就是我們對於一個人或一件事要從各方面的立場去看，而不能僅從某一特殊的立場去看。

從前衛國有一美男子名叫彌子瑕。當他少年漂亮時很得衛靈公的歡心。一日，彌子瑕聽見母親病了，便急忙中偷坐了衛靈公的車子去探望他母親。根據衛國的法律，偷坐國君車子的人罪當砍斷腳。有人便到衛靈公那兒告密，說彌子瑕偷坐他的車子。這時衛靈公反而說：「好一個孝子，情願冒砍腳的罪去探望母親的病！真是個孝子。」

又有一次彌子瑕和衛靈公同到果子園玩賞，彌子瑕吃到一個桃子，覺得很甜，便故作嬌態吃了一半，而將另一半留予衛靈公。

衛靈公也是不斷地稱讚：「彌子瑕真正愛我，他吃到了甜的桃子，自己捨不得吃，都留給我吃。」

如此春去秋來，寒暑易節，彌子瑕漸形年老力衰，老態龍鍾，而衛靈公亦不喜歡他了，一天偶然做錯一件事，得罪了衛靈公。

衛靈公很生氣地說：「原來這是彌子瑕做的事。從前他偷坐我的車子，又把吃剩不要吃的半個桃子給我吃。這人實在可惡！」

由此可見，對同一事件，人們經常會有前後矛盾的看法。為人臣者所以能與君王共患難而不可與之共享福，便可於此窺知其由。韓非雖有卓越的思想、抱負，可惜生不逢時，不免令人為人感傷不已！

杯酒釋兵權

漢高祖劉邦，為了防止擁有重兵的功臣韓信、彭越、英布等人造反，而大興屠戮，並規定非劉氏不得為王，終究不免造成以後的叛亂。然而，宋太祖趙匡胤，為了防止握有兵權的石守信等人的異動，於杯酒之間，解除諸將的武裝，並使之仍能各守君臣之義，著實是極高明的政治策略。

宋太祖所以能成一國之君，完全是靠握有兵權的大將們擁立起來的。當他做了皇帝之後，為了酬答功勳，不得不大封功臣。如慕容延釗、韓令坤、石守信……等等，個個都委以禁軍的高級將領，成為殿前都副點檢、侍衛、親軍馬步軍都、副指揮使、都虞侯等一級軍階，並領節鎮。

但宋太祖亦深知兵權握於武將之手，隨時可以顛覆太宋皇朝，篡奪天子職位，而他本身便是個活生生的例子，藉口契丹、北漢連兵內犯，便在陳橋唱了一齣「黃袍加身」的好戲，就輕而易舉地將後周政權奪了過來。如今自己可謂登峰造極，卻不免心存畏懼，深怕別人學他的樣，也來此一招。

他曾與趙普論天下大事，說：「自唐朝以來，幾十年間有八個不同姓氏的十二個皇帝，你爭我奪，使得百姓連年受刀兵之苦，不勝其煩。我想天下一勞永逸，長治久安，你該應怎麼辦呢？」

趙普說：「五代皇朝的短暫，天下不安，是因節鎮權力太大，尾大不掉而形成了君弱臣強的局面，如能將節鎮權限削弱，天下自然太平了！」

趙普的意見正合宋太祖的心意。五代時期確是「國擅於將，將擅於兵」既有驕兵，又有悍將，皇帝自是不能安坐其位。但宋太祖卻以為這些帶兵將領，皆係自己的義姓弟兄，或親密戰友，應不致造反起來。

但趙普乃深謀遠見，非泛泛之輩，頻頻向太祖陳述，必須及早對策，並對太祖說：「我也知他們不至背叛陛下，惟以我平日觀察，他們皆非統馭之才，不能制伏部下。軍伍中人才複雜，萬一有朝一日，他們的部下，有人倡孽，脅迫行事，他們身不由己，照樣可以造起反來，故不得不防。」太祖深思其話不無道理，苦思計策以防患未然。

建隆二年（公元九六一年）秋七月，一天晚朝甫罷，太祖召集侍衛親軍馬步軍副都指揮使石守信，殿前都指揮使王審琦，殿前副都點檢高懷德，馬步軍都虞侯張令鐸，步軍都指揮使趙彥輝等諸將，宴於內苑。君臣杯酒聯歡，極其酣暢。突然，太祖嘆了一口氣說：「唉！想當年，若非卿等擁戴，朕安能當上皇帝！不過當皇帝亦大艱難，反不如當個節度使的快樂，以朕而言，終日不能安枕睡眠，可知皇帝之不易為也。」

諸將爭問其故？太祖說：「何必多問？皇帝之位誰不想當呢？」

石守信等連忙下位，跪地頓首說：「陛下何出此言？如今天下安定，誰敢有此非分之心呢？」

太祖說：「不然！朕知卿等必不復有異心，無如卿等麾下，不見得沒有貪圖富貴之士，一旦將黃袍加在卿等之身，卿等雖不願造反，到那時候，還能由得了你們嗎？」

太祖果非凡夫之輩，以己為例，群臣莫不驟然變色。石守信等聞言，涕淚交流地說：「臣等愚昧無知，沒想到這點，望陛下可憐我們，指出一條生路來吧！」

太祖說：「生路當然有的。我覺得人生就如白駒過隙，轉眼即逝，所以要得到富貴，無非是多積錢財，使自己一生一世享受不盡，並予子孫留下萬貫家財罷了。卿等何不將所握兵權，交付國家，出守大藩，廣置良田美宅，為子孫萬世，立下永不動搖的產業。如此家中便可儲備歌伶舞女，日夜飲酒取樂，直到終其天年。朕與卿等結為兒女親家，通婚示好，君臣之間，兩無猜疑，上下相安，這豈不是一個好辦法？」

石守信等再三頓首稱謝說：「陛下對臣等思慮得太周到了，臣等感激不盡。」

第二天，石守信等皆稱病，乞罷兵權，太祖許之。

石守信等交出了中央禁軍大權，出守外藩，太祖還想要有一人專統禁兵，而想到了天雄節度使符彥卿。趙普不同意，他說：「符彥卿的名位已經很高了，怎可再付以兵權？」

太祖說：「朕待彥卿極為優厚，他怎能做出對不起我的事來呢？」

這時趙普說：「周世宗待陛下亦甚優厚，陛下何以能做出對不起周世宗的事來呢？」

太祖默然，遂寢其事，於是皇帝成了禁軍的最高統帥。

不久，王彥超及安遠節度使武行德，護國節度使郭從義，定國節度使白重贊，保太節度使楊廷璋等入朝，太祖又宴於後苑，酒至中酣，太祖感慨地說：「卿等皆國家勳舊，久臨劇鎮，壬事鞅掌，非朕所以優賢之禮也。」

王彥超等明白太祖的意思，即刻前奏：「臣本無勳勞，久冒榮寵，今已衰朽，乞駭骨，歸田園，臣之願也。」於是皆罷鎮。

從此，太祖以文人為州刺史，他曾對趙普說：「五代方鎮殘虎，民受其禍，朕今用儒臣幹事者百餘人，分治大藩，縱皆貪濁，亦不及武官十之一也。」

太祖既收回了宿將們的兵柄，又削弱了藩鎮的權衡，朝廷以一紙下郡縣，如身之使臂、臂之使指，五代時藩鎮專地、專兵、專利、專殺、專襲的惡習，自此一掃而空，天下歸於一統。

22 賢君的統治方法

政治的最高境界

堯帝是儒家所推崇的聖賢天子。一天他為巡訪民情，微服遊於市井。忽然聽到一位老人口中嚼物，拍打腹部，並用腳打著拍子在唱歌：

「日出而作，日入而息。鑿井而飲，耕田而食。帝力於我何有哉！」

這首歌道出了中國古代的理想政治。一個賢明的君主，雖然擁有權勢、兵戎，但卻不使人民感受帝王的政治壓力，這與課稅繁重、政令嚴酷、榨民膏脂的暴君是兩相對立的。由此亦可見，政治的最高境界並非以權勢來壓倒人民，或者苛稅而民窮的獨裁政策；相反地，它應是取決於民心的擁戴。所謂「民可戴舟亦可覆舟」，若不遵此原則，則如奔東朽索，可不慎乎？

唐朝有位家喻戶曉的賢臣，即是輔佐唐太宗的魏徵。自當太宗行政上有所失誤時，魏徵便毫不諱言地予以直諫。在歷史上最為膾炙人口的便是他在上唐太宗的十疏思中所舉出的：「簡能而仕，擇善而縱之。則智者盡其謀，勇者竭其力；仁者播其惠，信者致其忠。文武爭馳，君臣無事，可以盡豫遊之樂，可以養松介之壽，鳴琴垂拱，不言而化。」

「選賢與能」是政治上最為重要的工作，一個國家若有明君賢臣，則人民便可安居樂業，從善如流，這道理雖歷久而不衰。同時，在安定的社會中，君臣相安，百姓盡忠職守，子女孝養父母，一切井然有序，生活和樂融洽，這不正是「鳴琴垂拱，不言而化」的最高境界嗎？

魏徵的這一段話，正可以道破政治的理想境界為何。

亂世所需的人才

明末碩學兼政治家的呂新吾，曾在其著作《呻吟語》中將大臣分為六等，並分別予以評論，茲分述於下：

第一等大臣——「寬厚深沈，遠識兼照。造福於無形，消禍於未然。無智名勇功，而天下受其陰賜。」

（大意是：第一等的大臣並不刻意去做有利民生之事，但卻如人沐浴陽光、呼吸空氣、飲水而食一般，全然在不知不覺中造福人群，能在無形之中使恩澤廣被，消除禍患於未然。這種人並非聰穎敏銳或剛勇無懼，也並非曾立有大功、叱咤風雲的英雄豪傑。雖然手掌大權，卻能使百姓安樂，天下無事。這種人才可稱之為真正的佼佼者。）

第二等大臣是——「剛明任事，慷慨敢言，處國如家，憂時如病。不免太露鋒芒，得失相半。」

（這類人物能幹穩重、處事敏捷果斷，為人亦剛直敢言。但也因此而使自己的睿智、氣概太過暴露，難免因「樹大」而「招風」，引起他人反應或受人訾議。然而，即使有艱難險巇，此種人亦有剛毅之氣，堅守正道，並毫不猶豫地予以履行。這是第二等的大臣——但也是亂世中最需要的人物。）

我們經常說清明聖世與暴虐恣行，人民塗炭的亂世，正如天堂與地獄之別，那麼，什麼是亂世呢？

清末的儒學大家在其「亂世之兆」中曾列舉出三個亂世將臨的預兆：

一、黑白不分、善惡不明，縱容惡人、姑息惡行，使得社會秩序顛倒亂行，造成妥協與迎合諂媚的氣勢。

二、善良百姓益加含蓄而不敢表明已見，惡人卻是悖禮犯義、為非作歹、恣殺無辜。此風一旦猖獗，則有亡國之憂。

三、世風日下，人民沒有「當仁不讓」的正義感，即使是不合情理的事亦以各種理由予以容忍。社會沒有真理，人心惶惶，世事模稜兩可，不知所衷。

由以上三點來看，亂世中所需的人才正是此種具有「剛明任事」的人來擔負大任；否則，國家將益陷混亂，甚而有傾巢覆卵之危。

五惡之行不可饒

第二等大臣是——「安靜逐時，動循故事，不能興利，亦不能除害。」

這種人的心理是「不求有功，但求無過。」雖然不做壞事，但對造福蒼生、行善施惠等事亦不積極履行。這類人物大抵優柔寡斷、舉足不前，即使不犯過錯，亦不會有所作為，不能付予大任。

第四等大臣——「持祿養望、保身固寵、國家安危略不介懷。」換言之，雖不專為私祿私剁而為惡，但為了保全一己的身份地位而汲汲營營，不能稱作是大器之才。

所謂「國家安危略不介懷」便是口頭標榜關心天下國事，其實漠然不見，只顧自己的私事之意。

第五等大臣——「貪功啟衅，恃寵張威，悖是任情，撓亂國政。」

這種人一旦登臨官朝，為擴張自己的勢力，達到自己的目的，不惜排除異己、濫用同黨，偏私不正，只為一己貪慾而行，結果撓亂國家綱紀，毫無建樹且遺害生靈。

當孔子為匡正國風，決定誅殺少正卯的時候，弟子皆感到驚恐而猶豫不決。這時孔子很嚴肅地說：「任何人皆可能犯錯，有些缺點過錯可以饒恕，有些則不可原諒。像少正卯這等五惡俱全的惡棍，現在不予根除，只恐將來危害國家而至不可收拾的地步。」

現就將此五惡列舉於下：

一、凡事小心，表面和善公正，背後陽奉陰違，從事陰險的計謀。

二、偏阿私黨卻故意文飾外表，使人誤以為其人公平無私。

三、雖是笑裏藏奸，卻巧言令色，說得天花亂墜。

四、惡貫滿盈卻博覽強記，無惡不作。

五、表裏不一致，一面無惡不作；另一面則又施恩於人，使人誤以為其人善良溫和。

正如孔子所言，少正卯具備此五惡，可謂萬惡不赦，同時也是第五等的人物。第六等大臣——「奸險凶淫、煽虐肆毒、賊傷善類，蠱惑君心，斷國家之命脈，失四海之人望。」

這類大臣大抵憑著自己的聲名、權勢而恣意任行，完全置國家、人民於不顧，極可能擾亂天下，荼毒百姓，為萬世罪人，亦是最卑劣、下等的大臣。

23 濁酒醉聖王

酒的啟示

「古有醴酪。至禹時，儀狄作酒。禹飲而甘之，曰：『後世必有以酒亡國者。』遂疏儀狄。」

世界最早以米釀酒的記錄，殆無比禹的時代更早的了。而首先發現釀酒的方法則是外族的儀狄。一天，儀狄將泡在水中的米打開，忽聞到一股香氣，拿起品嘗，美味竟是筆墨難以形容。

儀狄於是將此美酒進貢大禹品酌。大禹飲過，全身如置雲霄，飄飄欲仙，不勝歡喜。如此一杯接著一杯，大禹終於醉倒酒鄉。陶然而醉的大禹醒後，反省而說：「後世必有因酒亡國之人。」從此不再飲這種美酒，並把進獻此酒的儀狄當作瘟疫般地予以遠離。

在我國有句俗話說：「治水者治天下。」黃河不時的氾濫一直是中國一個極大的困擾。舜為了疏解人民的禍害，曾派禹的父親鯀去治水，但鯀以防堵的方法，終無所成而被處死。

舜又派了禹，禹改用疏導之法，終於解除了黃河的水患。舜帝年老後便將帝位傳予治水有功的禹，故有此一段佳話。

根據《史記》的記載，禹機敏勤勉，深著仁心，且受民愛戴。同時禹的聲音合乎音律，動作合於禮法，也懂得體恤百姓疾苦，可稱得上是一位天上派來的百姓典範。《論語》泰伯篇中亦曾記載孔子稱讚禹說：「禹，吾無間然矣！」可見禹確實是位愛國愛民的賢君。

禹即位後，致力於治水和道路的開拓，遍及全國。

一日，禹看見一男人在那兒大聲叫罵。禹於是前往察看，得知那人是個強盜，兇悍而不可理喻。

禹站到他的前面，那人淚流滿面，聲淚俱下地述說行盜乃情非得已，實因家貧不能渡日，內心亦十分懊悔，請求禹的裁決。

禹聽了他的話後，內心百感交集地潸然淚下，使得大家都驚訝萬分。站於一旁的侍衛驚惶地問：「皇上，您怎麼了？」

禹回答說：「堯帝和舜帝在位時，民心歸向天子。如今我即了天子之位，人民欲因私利私慾而為盜，這豈非我的德行愚昧？」

聽了這話，不僅是行盜的男人涔涔淚下，就是周圍的人亦感動地涕泣沾襟。

由這些事蹟來看，可知禹的為人何等正直，且為後人尊敬的原因。

酒失天下

儘管大禹對酒已有極大的戒心，但是，後世的人們與酒確實發生了密不可分的關係。在中國歷史上以酒著稱者不勝枚舉，如詩仙李白、詩聖杜甫等等，無不對酒有著深切的情感。

然而，儘管酒在人的生活中扮演著極為重要的角色，酒卻也正如大禹如言，因其亡國者不乏其人。可知酒雖帶來了人類的歡樂，同時也帶來了人類的悲劇。

通常我們觀察一個人，由其細小的行為便可窺知一斑。在酒量上，「酒品」也常是察知一人德行高下的方法，同時，在酒席上，我們亦可發現人生百態，藉此引以為鑒。

飲酒淺酌對身體健康十分有益，但若至酗酒亂行，則有失君子之風。許多人常不懂得飲酒節制之理，每每因酒而誤事，不但影響自己的人格、風度，甚至弄得家破人亡，不可收拾的地步。

所謂「酒後吐真言」，有些人雖然一副君子紳士的派頭，然而一旦醉入酒鄉則口出狂言，六親不認。這時的他雖毫無意識，卻也毫無掩飾，最能表露本性。

有一個故事是敘述一位有名的大將，平日恭謹處事，對待部下亦和藹可親，但是，每次飲酒則亂性悖行，完全變了一個樣，最後終因失手殺人而免去大職，潦倒不堪。因此，有志之士實不應沈迷酒色，否則終不免有身敗名裂的禍患。

24 春秋五霸的興衰

成霸者的條件

春秋五霸乃是中國史上十分有名的一段歷史。這個時候，霸主為爭取地位發動軍戎，不擇手段。然而，五霸所以會有高人一等的成就，仍然有其特殊的條件。那麼，如何才能為霸者呢？

首先，必須要有足夠的經濟力和軍事力。就這方面來說，像齊、晉、秦、楚、吳、越等稱霸的國家，都有著廣大的領土，只要致力於經濟發展，整頓國政，就可如旭日東昇般地壯大起來。像齊桓公及其他的霸者，就是以此起業，利用強大的武力和經濟力，登上了霸者的王座。

再則，霸者還須有幾位賢明能幹的輔佐之人。就春秋時代的霸主來說，除了楚莊王和秦穆公堪稱英才外，其他的幾位，本身並非卓越超群的人才。就以晉文公來說，雖能忍辱偷生地在外地流亡十九年，卻仍不免有缺乏果斷的缺點。

就以春秋第一霸主齊桓公而言，若非有名相管仲的輔佐，他的成就恐怕沒有如此大的成就。孔子便曾說過：「桓公九合諸候。不以兵事，管仲之力也。」可見如果沒有管仲的輔佐，桓公的霸業亦不知何時方可完成。

再如晉文公亦有趙衰、咎犯等人的幫助。英傑的莊王、穆公亦得伍舉、蘇從、百里奚、由余等賢人的輔佐。而吳王闔廬、夫差、越王勾踐亦各有軍師伍子胥、孫武，或謀臣范蠡相隨。

這班人才在爭霸的路程中，發揮己長，同時也負擔了極大的任務。若非有這些人物，春秋五霸之名，恐怕難以成功。

當然，這些霸主一心一意地想問鼎天下也不無原因，主要的便是當他們得到霸主的地位之後，一方面可在政治上替代周天子的帝位而號令天下諸侯；另一方面則是經濟上，可依其強大的勢力，令諸侯納獻金帛。這不但可滿足霸主的虛榮心，同時也使霸主獲得了極大的利益，所以春秋時代，齊桓公雖以「尊王攘夷」的口號代替式微的周室維持中原一帶的秩序，但到了後來的幾位霸主，則不免有貪圖權勢、爭取勢力範圍的私慾隱伏其間了。

齊桓公的結局

眾所周知，桓公的霸業可以說泰半因名相管仲的輔佐與庇護，故能維持。孔子亦曾稱讚管仲：「微管仲，吾其披髮左衽矣。」可見管仲對齊，乃至對中國的歷史有極大與微妙的關係。

齊桓公四十一年（公元前六四五年），管仲去世了，由於他照應桓公裏裏外外已有四十年之久，他的死訊對齊國來說真可謂是致命的一擊。此後，桓公亦不再如前一般地平步青雲，甚至結局悲慘不堪。

《史記》曾如此記載——

當管仲病危時，桓公專程前往探問，並且問他：「萬一你有了不幸，你認為誰最適合接替你的位子呢？」

管仲回答：「我想大王應比我清楚才是。」

因當時的規矩，臣下本不宜公開向君王指名推薦人才，故管仲也就避而不答。

於是，桓公只好問：「易牙怎麼樣？」

易牙是桓公最為寵愛的名廚，他甚至為迎合桓公的口味，不惜殺了自己的兒子煮給桓公吃。

管仲回答：「易牙為了討好大王，連自己的骨肉都可以殺，這種人違於人的常情，不能用他。」

桓公又問：「那麼開方怎樣？」

管仲的回答是他在齊國做官五十年，從不返鄉探親，這乃是不合人情的，也不可以用。

桓公又問：「豎刁如何？」

豎刁是桓公寵愛的宦官，他為了討好桓公，自動去勢來侍奉桓公。

因此，管仲回答說：「人的天性是對於自己非常地重視。豎刁違反天性，連自己都可以隨便宰割，以後怎會顧到君王呢？這種人也不能用。」並且勸桓公說：「古人說的如：『詐偽必不可久，虛飾亦不可長。』這三個人的作法，為了討好君王而不惜傷害自己或親人，這便是虛詐巧飾的作風。日子一久，他們必會原形畢露，傷害大王。不如趁他們還沒作亂以前及時趕走才是。」

桓公聽了深感其言句句真理而點頭答應。

管仲死後，桓公銘記管仲的教誨，立即趕走了易牙、開方和豎刁。但是，那裏料到易牙一走，桓公便食不知味；豎刁一走，後宮一片混亂；而開方走後，朝政更呈現停頓的樣子。這時，桓公不禁歎道：「哎！沒想到像管仲這麼聰明的人也會看走了眼！」於是又將三人召回，更加寵愛。結果，就在這三人的興風作浪下，齊國的朝政從此一蹶不振。

後來，桓公的兒子們為自立為太子，群起活動，與易牙、豎牙等人勾結。易牙和豎刁就慫恿桓公改立衛長姬所生的公子無詭做太子，而廢了管仲生前與桓公商量欲立的太子昭。桓公便糊里糊塗地答應了。

到了公元前六四三年，桓公去世了。這時後宮一片混亂，大家都搶著做太子，易牙和豎刁就自作主張地立了公子無詭為王。太子昭趕忙逃到宋國去求援。

由於後宮的混亂，桓公的屍體被易牙和豎刁扣押在寢室內，不許發葬。直到無詭即位，經過了六十七天，才讓人將屍體入棺，這時屍體早已腐爛生蛆，而且臭味四溢，令人慘不忍睹。

赫赫一世的桓公竟有此下場，真令人遺憾不已！然而，桓公的結局所以會如此悲涼，實因沒有聽管仲的忠告所致。

由此可見，王者的輔佐人實在是擔任重要無比，舉足輕重的角色。管仲生前，桓公不用武力而能稱霸天下，可見管仲的智才實非泛泛之輩所能相比擬。而管仲死後，只因桓公未採管仲的諫言，同時沒有賢相輔佐，齊國終陷入長期的王位紛爭，再無力稱霸中原。

桓公的霸業就像曇花一現，雖曾繁華一時，最後卻以悲劇作了結局。後世的人實當引以為鑑，莫要重蹈覆轍，遺恨終生。

一鳴驚人

《史記》楚世家曾記載莊王即位三年裏，不出號令，荒疏朝政，日夜為樂，遊於絲竹管絃，女樂之中。且於國內各地遍佈告示聲明「敢諫者死無赦」。人人為求自保，怕招來殺生之禍，故朝野人士皆不敢貿然進諫，莊王沒有聽於朝臣堅士的忠言，日日荒唐下去。

雖然如此，諸如「舉世皆濁我獨醒」者亦不乏其人，終於有一位名叫伍舉的重臣，甘冒殺生之禍，前往勸諫。不過，伍舉乃聰明之士，憑著他的才智，婉轉示意莊王，終於使莊王懸崖勒馬，及時反正。

當伍舉要求面謁莊王時，莊王正忙得不可開交，就在左擁鄭妃、右抱越女，且鐘鼓樂士團團圍住的情況下接見了伍舉。

伍舉見了君王，不露聲色地出了一道謎題請莊王猜猜。他說：「臣願出一個謎題，願請君王猜猜。」

「你說說看吧！」

伍舉便說：「有鳥久居丘上，三年不飛也不叫。敢問君王這是什麼鳥？」

莊王原不是個愚昧昏痴的君王，聽了伍舉的話，若有所悟，卻也不明白表示什麼，只說：

「此鳥雖三年不飛，但飛則沖天；雖三年不鳴，卻一鳴驚人。你退下去吧！我已知道你想說什麼了。」

莊王雖沒有殺了伍舉，但經過數月，莊王不但無所改進，反而變本加厲，完全無視國家政事，日日耽於遊樂，沉迷酒色。

這時又有一位名叫蘇從的重臣前往勸諫。

蘇從的作風與伍舉大異其趣，不似伍舉婉約相告，而是開門見山，毫不客氣地責讓莊王，完全是置死生於度外。莊王見他如此氣憤慷慨，乃問道：「你難道不知我已下令要將諫者處死嗎？」

蘇從毫無顧忌，慷慨激昂地回答說：「君王若能覺悟，臣雖死而無憾！」

莊王於是痛改前非，勵精圖治，彷若脫胎換骨般，變了個人似的。他首先革新人事，一口氣廢了數百人，以新人替代。然後又將國政委託給伍舉、蘇從二人。從此，國家政事皆入軌道，綱舉目張，人民莫不欣喜。

有人認為莊王其實並不是真的沉迷晏樂，只不過利用這個方式來考驗群臣，何者可用，何者不可用，然後待時機成熟，立即大刀闊斧地刷新人事，整頓國政，以為將來發展的基礎。

從莊王以後的事業看來，他確是「不鳴則已，一鳴驚人」！就在賢臣輔佐下，英明的莊王不斷地充實國力，雖內憂外患侵擾不已，亦能一一克服，突破難關。

到了公元前六〇六年，到陸渾地區伐戎的莊王，順便進軍洛水之畔，在周都近郊檢閱其軍，以向周王室一展楚國的強大武力。周定王見狀，趕忙派大夫王孫滿前來犒賞莊王。

莊王見到王孫滿後，竟問道：「不知名盛一時的周鼎有多大？多重？」這便是「問鼎輕重」的典故由來。而到了公元前五九七年的邲之戰，楚莊王終於登上了霸者的王座，令天下各國刮目相看。

25 黍離之嘆

箕子的追思

殷紂王的叔父箕子在殷滅亡後，一日來到了舊日的都城，而今已是荒蕪一片，雜草蔓生的廢墟中憑弔，內心傷痛地說：「欲哭不可，欲泣則近婦人為。」為抒發胸中抑鬱乃作了一首「麥秀之歌」。

這首「麥秀之歌」的大意是：麥葉在日光的照射下，露出了青色的光輝，呈現眼前的盡是一片綠油油的景象。黍也如海浪般地起伏著。我想到這原是曾經繁華一時，傲視天下的殷宮，不禁感慨起世事的榮枯盛衰是如此地無常。當時我為勸諫紂王不該沈迷晏遊、飲酒樂女，險些遭到紂王的殺害，如今，惡貫滿盈的紂王因暴虐亡國，想來此亦天意吧！

當殷的遺民聽了這首歌後，沒有不淚流滿面、涕泣沾襟的，而「黍離麥秀之嘆」的成語由此而來。

「麥秀之嘆」所面對的是，國家滅後的宮殿遺跡，這些雖曾榮華一時，誇耀一世。然而，曾幾何時這些富麗堂皇的建築，如今亦如海市蜃樓般地煙消雲散。無怪乎當箕子面對荒烟蔓草的廢墟要悲嘆不已。

當殷紂王在位時，好酒淫樂，嬖於婦人，又愛妲己。置朝政於不顧，甚至為了取悅妲己，使師涓作新淫聲、北里之舞，淫靡之樂。百姓的怨聲自可以想像得到。但暴虐的紂王依然無動於衷，以酒為池，以肉為林，甚至還重辟刑，而有「炮烙之刑」，無惡不作。

箕子曾為紂王的荒淫奢華而勸諫，沒想到紂王淫亂不止，變本加厲，最後走向了滅亡的命運，且遺臭萬年。

遠大的計略

紂王原本不是一個愚昧的人。《史記》上也說：「帝紂資辨捷疾，聞見甚敏，材力過人，手格猛獸。」但是很不幸的，紂王不懂得利用自己的聰明才智，反被敵人的計謀所利用。

殷朝末期，周以諸侯的身份不斷地想計畫「翦商」，伐殷而即位天下。

這時周公旦輔佐周朝，他私下收養了一位養女，這位養女成長之後，可謂傾國傾城、風華絕代的美女。周公便利用這位美女作為滅亡殷的有力武器。

這美女不久便出嫁了，後來生下一女，由周公旦收養。不過，周公並未將此事洩露出來，依然進行著他的秘密計畫。

周公將這女嬰自幼便訓練成扮演淫蕩的角色，不時教她如何誘惑男人，迷亂男人的心志。這迷誘的對象便是殷的亡國之君——紂王。

這少女在周公的調教下漸漸成長，並將她取名為「妲」。後來因為她的母親有蘇氏姓「己」，故後人便將她稱作「妲己」。

周公為了要滅亡殷，當然也下了許多的工夫。首先他對紂王的弱點、生活起居及嗜好等等都經過長期的詳細調查，而且還根據這些資料來訓練美女以投其好。當他把妲己訓練得差不多後，便十分隱秘將她送回有蘇氏——也就是妲己的母親之處。

墮落的開始

不久，有蘇氏便將妲己獻予紂王。於是周公便在背後操縱一切，而殷的命運也開始走向結束的方向。

話說紂王得了妲己，真是欣喜若狂，如痴如醉地迷戀於她，而且對妲己之言唯命是從，捧若珍珠一般。

紂王的本性原本高傲且好大喜功，同時，十分善變，好惡也極端，經常朝令暮改，令屬下難以侍候。但妲己對他的此種個性瞭如指掌，因此能適時地予以奉承，很得紂王的歡喜。

不久，紂王便聽了妲己的話，命樂師涓作淫聲。如此一來，紂王也對宮中正樂開始不滿。

紂王因為妲己洞穿其喜惡好欲，故對她的寵信有加，又命涓作了「北里之舞」和「靡靡之樂」。荒淫的程度自是非筆墨所能形容，終於怨聲載道，諸侯反叛，但昏昧的紂王仍無所覺悟，墮落至無底深淵，無以自拔。

後來，妲己又出了個餿主意而對紂王說：「天下的財富應該全部聚集起來。」因此，紂王便開始「厚賦稅以實鹿臺之錢，而盈鉅橋之粟」，凡是民間能看到的珍寶奇物一概沒收，充公宮室，益廣沙丘花臺。

不久，這些靡靡之樂和種種的暴行竟發展至「酒池肉林」的地步。甚至將殘傷人民的「炮烙之刑」視為一種樂趣，全國莫不處於水深火熱之中，而殷的權威逐漸地式微陵夷了。

在朝臣中亦有如箕子的諫臣，他便是紂王的叔父比干。當時的政局是諸侯叛紂而往歸西伯，比干為了使紂王覺悟而前往進諫。這時，站在紂王身邊的妲己見此情形，故意問紂王說：「他不是一位聖人嗎？」

紂王冷笑回答說：「世人確是如此稱呼他。」

妲己便說：「我聽說聖人的心有個洞，他是不是也是如此呢？」

這位暴虐昏昧的紂王，竟然為了要查看比干是否真是聖人而將他的心剖開，真是慘無人道。

比干被殺了之後，箕子便假裝瘋了而被關入牢獄之中。

妲己的下場

聞知比干被殺，箕子被打入牢獄。周公知道時機已熟，便率了二萬五千大軍，興師討殷。

紂王雖然也派出了七十萬軍，但到牧野時便潰敗逃亡，荒淫暴行的紂王也在首都朝歌自焚而死。周武王於是斬了紂王的首腦，懸在白旗之上，並殺了妲己。

關於妲己的命運，周公在起兵之後原暗自希望她能自己了斷。但是，當周軍抵達殷宮後，妲己並沒有自盡之意，甚至跪在地上，對著周公說：「我已經把我的職務圓滿達成，請饒了我的性命。」

周公感到非常驚訝，因為當初訓練之時，他並未將滅殷大計作絲毫的透露，而妲己竟通悉全盤。

但妲己的懇求並未獲得任何的同情，周公還是下令部屬將她斬了。據說當她的頭被斬時，發出了一聲極長的悲鳴，雖首身異地卻久久不消。

周公是孔子心目中的聖人，也成了中國史上的一段美談。然而，他將一個女人的命運玩弄於股掌之間，想必心中亦有十分的愧咎才是。

26 念天地之悠悠，獨愴然而涕下

禾黍之傷

箕子的「麥秀之歌」在《詩經》中有詳載：

「彼黍離離，彼稷之苗。行邁靡靡，中心搖搖。知我者，謂我心憂；不知我者，謂我何求。悠悠蒼天，此何人哉！」

中唐詩人耿湋在其「秋日」詩亦寫著：「返照入閭巷，憂來誰語共。古道人行少，秋風動禾黍。」

（落日的餘暉射進小村墟，面對眼前的景色，胸中愁緒萬端卻無人可訴。只有這條古道似直往前伸，沒有盡頭，但路上的行人稀稀落落，四處沈寂。秋風吹動了稻黍，那股涼意直沁入我的心中。）

耿湋這首詩中的「禾黍」便是取自《詩經》而來，同時亦有因時感慨、懷古之情，故作此詩予以吟咏。

才子的孤獨

類似前述懷古之作，筆者以為陳子昂的「登幽州台歌」可謂古今絕唱，千古不朽！

幽州台位於北京市德勝門的西北高台，別名薊丘。詩的內容是：

「前不見古人，後不見來者。念天地之悠悠，獨愴然而涕下。」

武則天萬歲通天元年（西元六九六年）五月，陳子昂三十五歲，北方異族契丹亂起。他擔任建安王武攸宜的參謀，隨軍東征，討伐契丹。次年兵敗，陳子昂曾獻計策，但攸宜以為只是書生之見而未予採納，並將他左遷。

陳子昂受到此番奚落，自有懷才不遇之感而鬱鬱寡歡。一日，他策馬驅馳以前燕的國都薊丘，登上薊北樓時，有感於過去樂毅遇燕昭王的故事。又想到自己的處境及將來的事情，不禁泫然垂涕，脫口吟出了這首千古絕唱的「登幽州台歌」。

這首詩充滿了絕世獨立的孤寂在時光的隧道中，他是被棄而且無奈的。在過去的歲月中，雖然出了許多英雄豪傑，但「往者已矣」，而「來者又不可追」，想到此自然不免要悲嘆「時不我予」的無奈與匆促了。

陳子昂原是個有理想、抱負的忠義之士，因此，藉著弔古傷今之情來抒發胸中鬱悶。也感嘆世界之大，竟無知音賞識的孤獨。

李白的「將進酒」中有一句「自古聖賢多寂寞」，只因聖賢的才智常是走在時代的尖端，因此，常不能為當世的人瞭解與接受，而陳子昂的孤寂正是由此而來，亦由此而發。

陳子昂的才智

陳子昂字伯玉，今四川洪縣人。

陳子昂出生於豪富之家，年輕時好狩獵、賭博，馳俠使氣。後來進學，行為收斂，認真於學，慨然立志，不久進士及第。

爾後他曾任麟台正學，進而為右衛參事，而升為右拾遺，做到征代契丹的參謀等，但不得志而回歸鄉里。

不幸之事接二連三，當子昂回鄉之後，家產竟被惡毒的縣令吞噬，且為段簡所捕，長安二年，以四十二歲的英年死於獄中。但他卻成了李白、杜甫等盛唐詩人的先驅，並且也是古文運動的發起人之一。

陳子昂雖然胸懷大志，但入都以後並無所作為，也因此而蹉跎了歲月。

一日，子昂往東市，聽見一位以百萬金高價出售胡琴的人。

陳子昂前往觀看，其間貴族圍繞，但因價格過高，無人肯買。陳子昂見狀，立即拉開群眾，跑至最前，對那商人說：「這琴在下買下了！」隨手掏出百萬金付予對方。

一個名不見經傳的書生買下如此昂貴的胡琴，自是會引起騷動。這時，有好事者便問他何以買下胡琴。子昂答道：「我喜歡拉琴。」

一些好奇的人們於是紛湧而至，並要求子昂當眾表演。

但他說：「此地非演奏之處，各位如有興趣，明日請至寒舍，我將備好佳餚美酒款待各位。」說完便頭也不回地走了。

過了一夜，地方縉紳名士皆聞風而來，子昂亦準備了山珍海味招待客人。當他拿著胡琴出現在眾人跟前時，一時竟鴉雀無聲，大家皆摒氣凝神地靜觀一地。

陳子昂走向人群一步，說：「蜀人，陳子昂將百卷詩文從遠方攜帶至都城來，但因風塵碌碌，勢將埋沒無聞。與之相比，此胡琴雖價值萬金，卻只為卑賤的藝人使用而已。」

說著，便將胡琴往地用力一擲，毀了胡琴。

在場的觀眾莫不驚訝！陳子昂便將自己的詩文分予他們。結果在一夜之間，陳子昂之名傳遍都城的各個角落。

當然，陳子昂的詩極有深度，他的才學也是相當的高。其中一詩便如此寫道：「故鄉杳無際，日暮且孤征。川原迷舊國，道路入邊城。野戍荒煙斷，深山古木平，如何此時恨，噭噭夜猿鳴。」

（我的故鄉在遙遠的地方，入暮之後，我獨自繼續我的旅程。卻在沿河平原所展開的舊日國土中迷失了路，於是我只好走向鄉農小鎮。這時荒野中的碉堡升起了陣陣孤寂的炊煙。在深幽的山谷中，一排古樹並列著，忽想到過客他鄉的悲涼怎堪生受，這會兒又聽見了猿猴悲哀的鳴叫由遠而近，彷若哭斷了肝腸。）

27 歷久不衰的《論語》

東方思想的主流

湯瑪斯・弗諾嘗言；「書籍便如朋友一般，應要富且經過嚴格地選擇。」通常要選擇一部合於自己興趣而又好的書，常常要花費許多的時間。

在東方思想中，孔孟的思想可以說是引導人們前進的重要主流，而最能代表儒家正統思潮的，便是家喻戶曉的《論語》了。

雖說同是儒家思想，但孟子和荀子常常有若干不同之處。一般研究儒家的人皆把儒學分作三個主流，除了孔子，當然便是理想主義的孟子和現實主義的荀子。這三者揉和在一起，影響中國極為深遠。

到了戰國時代，黃老思想逐漸融合，而進入了「老子」、「列子」和「莊子」的時代。到了漢朝，老莊與孔孟的思想儼然成了一體，而完成了所謂的五經。

後漢時，印度佛教被傳入中國，結果佛教成了黃老的附庸，與五經交流，產生了中國佛教獨特的禪學，中國思想便由此而萌生了道教。

中國的思想是如此地深廣，恐怕窮畢生之力亦無以窮盡！

人生的先達

法國文學家蒙特爾藍說過：「能擁有在一生中可以反覆閱讀的書，是幸福的；如果擁有數冊，那麼該是人生的至福。」如果要舉出一本可以反覆閱讀的書，那大概便只有《論語》一書了！

為什麼《論語》至今仍被人們重視呢？最主要的原因便是孔子以和藹可親的態度來面對弟子，微言而旨深，亦不以長者自居，傲視萬物，故能有教無類。而其思想歷經千年而不衰，真可謂「歷久彌新」，因此，至今仍受人們的重視和採納。

提到孔、孟，有些人常嗤之以鼻，以為已是落伍的東西，毫無價值。果真作此想法，就真是大錯特錯了！如果細細品嘗《論語》中的字句，便會發現對我們日常生活的應對進退有著極為重要的影響，同時也是一部人生的指南，讀來每每令人愛不釋手。

28 文事者必有武備

文武合一

在《史記》中曾對孔子的政治生涯加以介紹：

「定公以孔子為中都宰。一年，四方皆則之。由中都宰為司空，由司空為大司寇。定公十年春，及齊平。夏，齊大夫犁鉏言於景公曰：『魯用孔丘，其勢危。』乃使使告魯為好會，會於夾谷。魯定公且以乘車好往，孔子攝相事，曰：『臣聞有文事者必有武備……。』」

由上面這一段中足以道出孔子的智慧和見識之深遠。當他作中都宰時，不到一年便把國家治理成四方國家的典範，而由中都宰升為司空，又由司空做了大司寇。

有一次，齊景公與定公舉行了夾谷之會以通青山友好之誼。當定公欲前往時，孔子對他勸諫說：「能使文事的本色保存下來，還需要武力來加以保護，請率領近衛精兵一同前往。」

其實「夾谷之會」美其名為親善友好的會盟，事實上為俘擄定公作為人質的計策。孔子早已識破此點，因此私下派了精兵數千以保護定公的安危。

君主之道

當夾谷之會召開時，齊國的有司請求演奏暴戾的夷狄之音，舉起旗子，揮動劍戰，鼓噪而至。孔子見狀，急忙向前問道：「這是齊、魯兩國結盟的宴會，為什麼要演奏夷狄之樂呢？」

景公見孔子如此責問，於是命樂士退下。齊國的有司又趨前問景公說：「請改奏宮中之樂如何？」景公點頭答應。

這次更是變本加厲，竟然請了侏儒前來表演，作出了滑稽的動作。孔子再次大聲怒喝道：「匹夫而縈惑諸侯者罪當誅。」

景公聽了內心惶恐不已，不得已命人將有司當場處斬。齊景公對孔子的作風敬佩有加，回國後對朝臣說：「魯以君子的作為輔佐定公，而你們卻以蠻夷的習俗教我。」於是便把從魯國奪取過來的田地歸於魯以謝罪。

對付暴力的五種態度

「文事者必有武備」這句孔子之言被傳誦於後世，歷久不廢。現在就以暴力的侵侮應採取的態度來加以分析：

一、弱肉強食主義。

二、以牙還牙，以暴制暴。
三、姑息妥協，無力抵抗。
四、緩柔政策，不予報復。
五、不容輕侮，向對方提出嚴重警告。不讓對方有動武的餘地。
最後一項便是我們所說的「武」。「武」其實並非打殺混亂的情況，按許慎的「說文解字」，「武」是「止戈為武」，也就是不讓對方有覬覦的空隙之意。
斯麥爾斯曾說：「世界上的惡人所以會猖獗，那是因為我們缺乏勇氣說不！」如果明知對立的雙方有一方是正義之行，卻仍保持中立，顯然是不當的措施。這時應該有「當仁不讓」的正確態度才是。因為一旦正義的一方失敗，則將禍害千年。因此，不可畏懼於威脅利誘，最重要的還在於具備文武合一的勇氣，同時要記住：「在惡狼之前，溫柔的羊是毫不值錢的。」
當孔子將前往楚國時，被陳、蔡的軍隊包圍，原因乃是他們害怕孔子為楚相而危及陳、蔡的安全。
自離開魯國，孔子的政治生涯諸多不如意。這時的孔子已經有六十八歲。孔子想到自己的政治理想不能施展，不禁失望嘆道：「是不是我的道有所非處，否則為何會經歷這麼多的艱難而不能展露於世？」

隨侍一旁的子貢聽孔子如此說，安慰孔子：「夫子之道至大，豈天下能容？」子貢的話可真道出了聖賢的寂寞，可見孔子人格之偉大。

當孔子在匡地遭遇危難時，孔子忽然發現顏回不在身邊，內心因此十分著急。當顏回由後面趕來時，孔子握著他的手而欣喜十分。顏回知道老師的心意，而說：「子在回何死？」

從這短短的對話中，可以看出他們師徒間的情誼是何等濃厚。

29 巧言令色鮮矣仁

半部論語治天下

宋朝的名相趙普曾說過：「半部論語治天下。」

趙普是輔佐宋太祖的能使，在政治史上稱得上是一位十分活躍的人物。但是，趙普在政治上雖展露了才華，在做人修養方面卻難免有不當之處。

宋太祖對趙普十分器重，對於他的此種缺點不無惋惜，因此常勸趙普讀書修養內涵，趙普聽了太祖之言，內心頗有所悟，從此便手不釋卷，每至朝廷召開會議，必事先關在房內，於書箱中取出一本書來閱讀，且習以為常。

趙普死後，家人皆十分好奇他所讀何物，於是把箱子打開，赫然發現《論語》一書。這時家人才恍然悟起趙普在世時，曾對宋太宗十分感慨地說：「我經常把《論語》置於身旁，並加以熟讀。過去我以半部論語輔佐太祖平定天下。現在我便以剩下的半部來輔佐陛下，努力於天下太平之治。」

不僅是宋朝的趙普有此作為，就是故總統蔣公亦將《孟子》讀得十分熟悉。在他老人家生前，每日必讀兩小時的《孟子》，並且加以批注。

《論語》可以說是人生的指南；而《孟子》則是政治的原理，兩者相輔相成，相得益彰。

「學問可以改變一個人」，即使不能改變別人，卻可以在改變別人之前先改變自己。

美國的心理學家馬茲羅說過：「當一個人的哲學改變時，一切東西都會隨之改變。」這話說得一點也不錯。當一個人的心態改變之後，連帶著態度亦會改變，就連對人格、人生的詮釋亦將渙然一新。

《論語》和《孟子》同是儒家的重要典籍，熟讀了這兩本書，對道德人格的修養助益莫大，同時也是造福人群、拯救人類免於苦難的推進劑。

適時展露才華

子曰：「甯武子邦有道則知，邦無道則愚。其知也可及，其愚則不可及也。」

甯武子是衛國的大夫。當時晉文公以強國之勢欲侵弱小的衛國，甯武子憑著他的聰明才智，終於使衛免受晉的威脅。

孔子說這段話的大意是：「甯武子在國家井然有序的清平盛世時，推行正道，發揮智才，處理政務。一旦國家處於亂世時，則裝作愚昧的樣子來收拾殘局。他的智慧我可以模仿，而他的愚行則是我所不及的了。」

孔子又說：「知之者，不如好知者；好之者，不如樂之者。」學問歷程包括認識、愛好與實踐三個階段。孔子並不僅限於學問的正確認識，而能進一步地對事物作合理的處置與實踐。

所謂「知」是指對事物的認識，而「樂」則是自己與事物的融合，有「物我合一」的反照作用存在其間。

任何一位偉大的人物，除了需具備天賦的才能外，還得靠學問來帶領群眾，使得人民能夠心悅誠服地效忠國家，盡其本份。因此，學問是永無止境的，所謂「活到老，學到老。」為學當如此。

好人？壞人？

子貢曾經問孔子說：「君子亦有惡乎？」

孔子回答：「惡稱人之惡者，惡居下流而訕上者；惡勇而無私者；惡果敢而窒者。」

孔子回答完後，便問子貢說：「賜亦有惡乎？」

子貢回答：「惡徼以為智者；惡不遜以為勇者；惡訐以為直者。」

下面就為各位解說孔子所憎恨的四件事：

一、揭發別人的缺失並予以宣揚（缺少仁厚之心）。

二、譏評在上位者而不能公私分明（缺少忠敬之心）。

三、有勇無禮，終將危害社會。

四、剛愎自用，沒有是非善惡之心。

那麼，子貢所厭惡的又是什麼呢？所謂「徼以為智者」便是暗中刺探人而自以為智的人，這是子貢所厭惡的第一種人；第二種人便是不謙讓而自以為勇敢的人；還有揭發人的隱私而自以為正直的人。這三種人都是子貢所唾棄而不屑的。

《論語》中也提道「子曰：『惟仁者能好人，亦能惡人。』」因此，觀察一個人的喜好厭惡，便可得知這人的人格高下與道德修養的深淺。

子貢又問孔子說：「如果這個人能讓所有的鄉人皆言好，如何？」

孔子回答：「未可。」

如果細想則不難理解原因何在。一個人，儘管如聖賢之完美無缺，亦不可能受到所有人的推崇與愛戴。除非此人善於逢迎、巴結。但正如孔子所言「巧言令色鮮矣仁」，善於諂媚、逢迎之人多半寡廉鮮恥，雖受到人們一時的稱讚，終久會露出馬腳的。

30 野無遺賢

領導人物的條件

美國鋼鐵大王卡內基，其墓誌銘寫著：「一個人應該隨時聚集卓越的人才於身邊。」此話說得一點也不錯！就以中國五千年的歷史來看，其間朝代的興替，政治的清平、衰敗，每與輔佐人才的賢明與昏愚有著密切的關係。

像有名的春秋五霸之一的齊桓公，因有賢相輔佐而稱霸天下，可見君主之才的聰明穎智固然重要，但若無目光遠大、卓識的正人君子予以輔助，恐怕亦難以推行善政，而為小人蒙蔽。

同時，國家的行事大抵亦由這些輔佐的人員來推動。這些人物關係著國家的命運，英明的君主應有此識人的能力才是。

要成為一位好的領導人物並非易事。首先要能謙虛為懷，勿以情傲物，亦不可因個人的愛惡選用或罷用人才。當年周公輔佐武王，如臨深淵，如履薄冰，不敢有絲毫的大意和驕傲。如此也才能使得野無遺臣，呈治平清明之世。

所謂「政治」非一人獨行的寡頭政治，而是以大多數人之幸福為目的之政治。為要謀求最大多數人的利益，自應有卓識的人才。而人才的多寡，正如韓信點兵，多多益善。環顧古今中外，凡是強盛清平之世，必有許多人才聚集，而此亦正是政治的要旨。

然而，為要造就人才則須廣興教育，因為唯有灌輸下一代正確的思想，才能使國家之棟樑更加鞏固。因此，一位好的領導人才一定要能樹百年大計，為以後的發展作基礎。

太公望呂尚和伯禽

在《十八史略》中，太公望呂尚是一位家戶喻曉的人物。在介紹太公望之前，必要先介紹周公對其子伯禽的告戒。

當伯禽封於魯時，周公對他說：「為人之君不可驕傲怠慢，而應禮遇賢士。」就在伯禽封於魯的同時，太公望呂尚亦封於齊。經過五個月後，太公望便回京述職。周公見他如此快便回來報告政治，不禁驚訝地問他何以這麼早便返回國來？呂尚回答：「我不過是讓君臣之禮簡化，順民而治罷了！」

與太公望相較之下，伯禽的作風則完全不同。他到魯三年後才回國。周公向他何以如此遲才返國。這時伯禽意氣洋洋，得意萬分地說：「我將善的風俗徹底改變且革新，尤其對父母之喪特別規定必服三年之喪方可還服。」

周公聽了他的報告，不禁蹙額嘆息，因為由法令之增減來看，伯禽與太公望實不可相互比較，否則伯禽處理政事的能力，不免流於卑劣之境了。於是周公對伯禽說：「你若繼續持行此種作風，不只魯必成齊的屬國。同時，政治最忌繁文縟禮，你應從簡順民而治才對。」

周公果然不是等閒之輩，從他的話中也可得知太公望與伯禽家有極大的相異之處。接下來我們便要為各位介紹有名的人物——太公望。

太公望姓呂名尚，東海人，為齊的始祖。他因為輔佐周王室開國有功而名揚四方。但由於年代久遠，其人亦如老子一般，富有濃厚的神話性，令人莫辨真偽。

據說，呂尚一生貧困，曾在朝歌做過屠牛的工作，到了年老時，乃隱居渭水之濱，以垂釣為樂。在他七十歲那年，某次連釣了三天三夜都毫無收穫。正當他垂頭喪氣之際，得到異人指示，勸他繼續釣下去。呂尚乃半信半疑地等待魚兒上鉤，果然收穫頗豐。當他回到家中，將魚腹剖開時，發現其中一條魚腹中藏有一書，裏面寫著「呂望封於齊」，呂尚乃心知有異。

不久，周文王出外狩獵，如平常一樣，文王在行前卜告神明，得到兆示說：「此去所得非奇珍異獸，非龍虎熊豹，而是輔佐你成霸業的賢士。」

當文王在渭水之濱遇到呂尚時。前往與之交談後，非常高興地說：「先君太公曾說，不久將有一位聖人引導周朝走向興盛的大道。先生一定就是那位聖人。我的先父太公等候你已多時了。」

由於呂尚是文王之父太公所盼望的聖賢，因此文王便授予他「太公望」的名號。

太公望從此就在周朝為官，先後輔佐文王、武王，為周的開國元勳。

正如《史記》中所記載的：「其事多兵權及奇計，故後世之言兵及周之陰權皆宗太公為本謀。」在《六韜三略》的「六韜」中亦曾記載其輔佐文王的事跡，茲節錄一段以供參考：

文王問太公說：「國君雖兢兢業業地網羅天下人才，天下為什麼仍舊會有動亂呢？」

太公望回答：「那是因為起用的人才沒有賢能。」

「這是什麼原因呢？」「因為國君並非親自考察他們的才能，而只憑外人的評論而定。」接著太公望又解釋說：「假如只憑別人的評論來拔取人才，則朋友、黨羽多的人便愈加有利；而獨善其身，沒有朋友的便要吃虧了。如此一來，惡黨蔓延；賢臣反被遺漏，忠臣每因無實之罪而被誅殺，這些小人惡黨憑著三寸不爛之舌便可獲此高位。如此一來，天下豈有不亂之理，國家就自然難免於存亡之秋了！」

31 譽言日至

自食惡果

齊威王因為要革治圖新，使式微的國勢重振綱舉，召來了即墨的大夫說：

「卿前往即墨任職後，傳來了許多對卿不滿的批評。朕於是便私下派人調查即墨的實情，結果發現即墨的田野阡陌盡懇，百姓豐衣足食，官僚清靜無事，可知齊國的東方安寧無事。因此，朕心知卿必是清廉之官，並不刻意逢迎巴結於我。」

說完，為嘉許他的功勞，封予他萬戶。

過了不久，齊威王召了山東省陽穀縣阿地的大夫來說：

「自你前往阿任職後，有關你的好評紛湧而致。我派了人親自調查實情，結果發現田野荒蕪，百姓貧苦。當趙要攻鄄時，你旁若無事，而衛奪取薛陵時，你也無動於衷。在這種情況下，有關你的讚譽卻是接踵而至，可見必是為了迎逢於朕而巴結了我身邊的親信，讓他們為你掩飾罪行。」

於是便把阿的大夫處以烹刑，並將那些為他美言的側近處以死刑。

由於齊威王能夠洞察事實的真相，作了賞罰分明的處置，使得群臣不敢心存飾詐的僥倖心理。齊國從此大治，而諸侯也不敢輕易動兵侵齊。

孔子曾經說過：「君子不以言舉人，不以言廢人。」意思就是說君子選擇人才之時，不可因為此人的奉承諂媚的美言而予舉用，必須觀察這人的行為如何？同樣地，在選拔人才時，如果聽到很好的建議，不論是誰的建議，都要把它當作忠告良言去採用。

孔子雖然如此說，但難有遺誤之錯，因為他便曾為宰予的話所欺騙。

宰予是孔子的弟子。在孔子的心目中，宰予是個辛勤認真的人。但是，一天孔子發現宰予竟然在白天睡覺，不但非常失望，而且對宰予作了一次嚴厲的斥責。事後，孔子便很感慨地說：「以前我在聽一個人講話時，毫不懷疑這話是代表此人的行為。但現在我改變了。今後我聽到某人講話，必觀察其實際的情形再作判斷。因為宰予便是這種坐而言，不起於行的人。」

孔子的這一段話當然是有感而發的。在這個世間有許多口是心非的人，他們專事外表的修飾，實則包藏禍心，我們應對此有正確的認識，以免墜落敵人的陷阱，萬劫而不復。

32 宰相的條件

李克之智

魏文侯曾經問李克說：「先生曾教寡人：『家貧思良妻，國亂思良相。』你認為魏成和翟璜那一個擔任宰相較適合呢？」

李克回答說；「事關重大，微臣不敢妄答，還請陛下裁奪。」而予以回絕。

但魏文侯再三懇求李克，請他務必幫他下個決定。這時李克便靈機應變，對文侯說：「那麼，我便教陛下五個作宰相的條件，若能符合這五項的，便可擔任宰相的職位。這五個條件便是：一、居視其所親。二、富視其所與。三、達視其所舉。

四、窮視其所不為。五、貧視其所不取。」

現在就以這五個條件加以說明：

一、「居視其所親」——「居」是指居家不上朝的時候。當一個人賦閑在家中時，由於不受金錢、地位、名譽等名利的影響，因而不必虛飾自己，這時只看他所親近的人，便可判知此人的道德修養如何，是否言行一致。

亞里士多德亦曾經說過：「朋友是第二個自己。」由所親近的朋友中，自然可以看出自己是何種類的人物了。

二、「富視其所與」——當一個人致富之後，觀察他將財富用於何處？對人而言，金錢扮演著極其重要的角色。但許多人雖汲汲於聲名利祿，對於金錢能夠善加利用的則不多。由人們使用金錢的方法來看，亦常能發現一個人的人格如何。有些人一旦成了富翁則沈溺酒色、金屋藏嬌，像這種人實不是成大人物的材料。反之，許多聖賢哲人每於致富之後，經常勸戒子女節儉持家，所謂「由儉入奢易，由奢入儉難」，即是此理。但節儉亦非一毛不拔的吝嗇鬼，相反地是將金錢用於濟世救民的正途上。如有名的范仲淹即把金錢用於培育人才，為後世造福，這才是成宰相的人才。

三、「達視其所舉」——觀察此人於飛黃騰達之後所薦舉的人才或典籍。真正的君子，地位愈高則如成熟的稻穗愈往下彎曲。小人則不然，無時無刻不想推銷自己，雖沒有真正實學，卻矯飾為有，甚至推薦黨羽以擴張自己的勢力，像這樣的人便不能成賢相，更不可能增益人民的權利。

四、「窮視其所不為」——在人的一生當中，經常會有許多不如意的時候，所謂「人無千日好，花無百日紅」，人生的禍福難測，正如天有不測風雲，難以預料。然而「松柏凌霜雪而稱勁」，人生雖然陰晴不定、坎坷不平，但若能熬過霜雪之苦，則生機必然重現天地。

不過，人的一生也不全是逆境，同時也有順的時候。然而，不管是順境或逆境都是人生的一部分，當順境時便要把握時機，實現理想；一旦逆境當前亦不必灰心氣餒，可以默默地努力，等待時機的來臨。在這方面，最要緊的便是自己的修養，而這也是五項當中最為困難的一項。

五、「貧視其所不取」——貧窮乃是人們所厭棄的。但是，誰又能預測未來將是一帆風順，毫無險阻呢？

在歷史的投射下，我們常可發現金錢的重要性。俗語說得好，「有錢能使鬼推磨」，姑且不論此人德性如何卑劣低賤，富貴常會蒙蔽這些缺點，而使得他變得沈穩、謹慎。但是，一旦遭遇窮困潦倒之時，則可看出一個人的品性、節操的好壞與堅貞。

孔子曾說過：「富貴於我如浮雲。」又說：「君子愛財取之有道。」這些便是告戒人們不可因貪圖富貴而違背正道、良心。當君子遭遇貧困時，心中坦蕩蕩，泰然處之；小人則不然，常為小利而喪失節守，遺笑天下！明白了這些道理，對於自己的行為更當有所基準才是。

魏成和翟璜

當李克提出了五個作宰相的條件後，他最後說：「我記得陛下是以師禮接待子夏、田子方、段干木等三位學者，而這三位應是魏成所推薦的吧！」

魏文侯聽了這些話後，內心頗有所悟，乃對李克說：「是的，我已知道如何處理此事。」

李克告辭文侯後，即刻順道拜訪翟璜。

翟璜與李克的情誼深厚，當翟璜見到李克時，開門見山地便問李克：「聽說文侯請問你選擇宰相的問題，結果如何？」

李克回答：「可能是魏成任相。」

翟璜原以為憑著自己與李克的關係，宰相的位子必屬自己無疑。但意外地卻聽到了他人之名。翟璜的氣憤自是可想而知，他怒氣洶洶地說：「輔佐君主的應該要能推薦賢才，閣下應無異議吧！」

「當然！」

翟璜於是說道：「就此點來說，把聞名天下的兵法家吳起推薦為司令官的人是我；文侯憂慮東部國境的守禦脆弱，我於是推薦了能吏西門豹作同地的知縣；還有樂羊、貴公、屈侯鮒等人，以及公子都是我所推薦的人。但你卻說我不如魏成。」

李克一旁靜聽翟璜的話，然後十分冷靜地說：「公子也請仔細聽清楚，你難道真想勾結自己的伙伴來組織黨羽？文侯確實問過我魏成與翟璜誰比較適合於宰相之位。我對這問題不敢驟然下斷言，請文侯自己做公正的裁奪。我不過提出了五個做宰相的條件而已。」

當翟璜還想繼續爭論時，李克繼續說：「請您冷靜思考。魏成拿出自己俸祿的九成來培育人才，而以微薄的金錢來維持生活。他把孔子門下的高徒子夏以及田子方、段干木等聞名天下的學者接到魏國，使得文侯以師禮相待；閣下也如魏成拿出俸祿的九成在培養人才，並把優秀的人才推薦給文侯，讓這些人發揮自己的才能。而閣下推薦人都成了文侯的臣屬；魏成推薦的人卻是以師禮接待，相形之下，魏與你的差異多大便可一覽無遺了。」

聽了李克的話，翟璜很慚愧地說：「我明白了。」

李克留下的三個教訓

有關魏文侯，李克和翟璜三人間的對話，如果仔細分析便可發現三個教訓。

第一個教訓是，在人事的問題中，絲毫未夾入私人的情感。雖然李克和翟璜是深交好友，但欲做到此點確實不易。

第二是，李克沒有在文侯面前指名道姓地說出誰應擔任宰相之位。假若李克將姓名指出，難免影響朋友間的友誼，因此，他只是暗示魏文侯，並把重要的抉擇讓文侯一人去選擇。

第三、李克告辭魏文侯後便即刻前去拜訪翟璜，將事情的原委告訴他，使對方了解。

假設李克事後並沒有這麼做，日後若有謠言出現，極可能使好友反目成仇。李克是個聰明的人，在他的「應對進退」哲學中留了後階予自己下，且使得事情圓滿的解決，要做到此點確實不是易事。

33 亂世梟雄

治世之能臣，亂世之梟雄

在治世的時候，具有才幹的英雄豪傑可以盡其所能地為國盡忠；然而一旦亂世來臨，便需要靠這些人物來支撐大局。類似此種英雄的例子，要以曹操最為有名。

曹操的父親曹嵩是東漢時宦官曹騰的養子。曹操年輕時便聰穎過人，好任俠而不肯從事正當的工作。

一次曹操前往汝南郡，聞知許劭的「月旦評」十分有名，於是便到許劭處拜謁請教。曹操問道：「我是那一種人呢？」

由於曹操的問話粗魯無私，許劭輕視其怠慢，遲遲不敢作答。曹操一怒之下，拔劍威脅他一定要說出真相。這時許劭才慢慢地說：「君乃治世之能臣，亂世之奸雄耳！」

曹操聽到這預測之後，內心很是得意地回去了。

不久黃巾亂起，曹操便以平定天下，板蕩賊兵而舉兵。

曹操的智謀

談到曹操，大家一定會想起京戲中的他是一個反派人物，由許多事實來看，曹操確實是個城底很深，心機極重的人。

曹操的叔父看他不務正業便常提醒他的父親曹嵩，要對曹操嚴加管教。曹操對叔父的不滿自不在話下。

一天，曹操恰好在路上遇到了叔父。曹操故意把嘴角歪向一邊，皺眉擠眼。叔父見了驚訝萬分，而問他：「你怎麼了？」曹操裝出病弱的樣子說是中風，叔父見狀，馬上跑回家，把事情的經過告訴曹嵩。

曹嵩得到消息，迫不及待地急忙跑來，但曹操卻若無其事，安好如故。曹操故意挑撥是非，說：「這一定是叔父憎恨我，所以故意捏造謊話來咒我。」

從此，曹嵩便不再聽信叔父的話，任曹操恣意行事。

由上面這個故事來看，曹操奸詐無比，同時也可看他是個足智多謀的人。

在《世說新語》一書中也曾記載著曹操的一段軼事：

當年曹操身邊歌妓美女圍繞。其中一位歌聲甜美，彷若黃鶯出谷，但這歌妓心狠手辣，為人惡毒。曹操雖想把她殺了，卻又覺得十分可惜。不得已之下，曹操選派了許多歌妓前來訓練，直到這些歌妓出現有比那位惡毒的女人唱得好時，曹便乘機將她殺了。

曹操雖然奸險兇詐，但是，亦可知曹操是個惜才的英雄。

烈士暮年，壯心不已

蘇東坡的「赤壁賦」中有這麼一句：「月明星稀，烏鵲南飛，彼非孟德之詩乎？」對於曹操的文學造詣有極其讚賞之意，同時也表對英雄的惜愛。

東晉的王敦，每於酒後輒詠曹操的這首詩——「老驥伏櫪，志在千里；烈士暮年，壯心不已。」

當劉備寄身於曹操門下的時候，曾私下與獻帝的舅舅董承設謀誅滅曹操。但曹操也非泛泛之輩，一天請劉備至席上對飲，曹操故意唱道：「天下英雄惟君與我！」瞬間，劉備的臉上發白，驚愕地把筷子掉在地上。

《三國志》的作者陳壽曾這樣批評劉備說；「此人弘毅寬厚，知士詩人。」又說：「機權幹略不如魏武。」魏武指的便是曹操。

在《三國演義》中，作者將曹操渲染成篡奪帝位的奸雄；而劉備則是以漢的正統繼承人來恢復漢室。其實此種說法未必盡然，曹操雖為一代梟雄，但其聰明才幹則非劉備所能及也。

34 劉備三顧茅廬

關羽與張飛之死

「瑯琊諸葛亮，寓居襄陽隆中，每自比管仲、樂毅。備訪士司馬徽。徽曰：『識時務者為俊傑。』此間自有伏龍、鳳雛。諸葛孔明、龐士元是也。』」

在介紹這一段之前，先對劉備作個概略的說明。

中平元年，劉備等人以黃巾為亂興兵起師，躋身於曹操之下。但舉兵十幾年，劉備的大志仍是遙不可及。後來又寄身於劉表之下。然而這些都不是他施展抱負的地方。他一直在尋覓一位可以共同擔當大業的人物。

關羽和張飛是劉備的結拜弟兄。《三國志》的作者陳壽批評關羽是個濟弱扶強的人；而張飛則恰恰相反，有點助強挫弱的感覺。

在劉備佔有蜀地之後，劉備為了一雪荊州關羽被殺之仇，不顧群臣的反對，發動討吳之軍。但在這次戰役中，劉備不僅全軍潰敗，同時還失去了另一名結拜兄弟張飛。

關羽、張飛二人先後慘死，根據陳壽的說法是：「羽剛而自矜，飛暴而無恩，以短取敗，理數也。」

這兩人雖然是劉備的結拜弟兄，但私底下劉備認為二人雖勇猛過人，但非權謀之士，故不免悵然若有所失。

直到他在遇到了司馬徽之後，劉備的事業才有發跡的轉變。

好好先生司馬徽

在襄陽險遭謀殺而倖免於難的劉備，在朝著新野逃去的途中，不禁心灰意冷地想到自己的處境，雖身經歷次戰役卻是毫無所獲，實不甘心便如此隨荒冢煙沒。

就在千頭萬緒，意氣消沈的時候，劉備遇到了司馬徽。

司馬徽是個十分有趣的人；對任何事皆說好。有一次接到朋友的死亡惡訊時，沒有露出哀容，反而也說好。他的妻子很不高興地責備他不當如此。沒想到司馬徽的回答是：「不錯！不過妳的建議也很好！」說完哈哈大笑，妻子也無可奈何。

但是，司馬徽並非真的「好好先生」，只不過表面裝糊塗，其實心中非常關心天下大事，是個深藏不露的人物。

當劉備碰到司馬徽時，司馬徽說：「關羽、張飛、趙雲等人都是有名的大將，萬夫不當。但是，皇叔今日仍無據守一郡，可見他們並不怎麼樣。皇叔應該找個謀士為您策劃才是。」而司馬徽所指的便是諸葛亮和龐士元。後來劉備果然得到了孔明而能鼎足天下之勢。

良禽擇木而棲

劉備的身邊有個軍師名叫徐庶。

徐庶有一天接到一封假信，信上希望他趕快回鄉。其實，這不過是曹操玩的把戲，故意把他母親俘擄，當作人質引誘徐庶回去。當劉備獲知這消息時，對徐庶的離去表現得十分不捨，使得徐庶也有淚斷肝腸的離情。

當劉備與徐庶同行有一段距離後，徐庶說：「送君千里，終須一別。」便向劉備告辭而去。

劉備在馬上與徐庶執手，涕淚沾襟地望著徐庶的背影消逝在塵埃中。就在劉備傷心地想調馬回頭時，卻看到徐庶走回來。

徐庶對他說：「襄陽城外二十里的地方有位天下聞名的軍師名叫諸葛孔明，此人住在隆中的臥龍岡，但是性情高傲，您一定要親自去迎接他。如能得到此人，必可發展您的抱負。」

建安十二年（西元二〇七年），四十七歲的劉備遇見了二十七歲的諸葛亮。這位便是劉備「三顧茅廬」的軍師。

劉備的三顧茅廬對歷代的君臣關係實是一大重要的轉捩點，以往的君王心想都是「鳥擇木而棲」，連曹操也不例外。但劉備卻以「木擇鳥而棲」的想法打破了君臣間的鴻溝。孔子曾說過：「君子不重則不威。」威勢固然是相當重要的，但也需禮遇賢士才行。

相形之下，曹操和劉備二人在胸襟、氣度上截然不同。而劉備便因他能以謙虛對孔明，所以才能有日後的成就。

35 識時務者為俊傑

識時務為上策

所謂識時務，便是對時代的情勢要能有所了解之意。一個人如能明白自己所處的環境，並利用環境的優點來改進缺點，實現自己的理想、抱負，這種人才能稱之為識時務的人。

當劉備向孔明請教統一天下的策略時，孔明回答說：

「自董卓叛亂以來，諸國豪雄群起，其數不可勝數。其中曹操雖能名聞天下，但論家世、地位、軍勢皆不如袁紹，但他卻打敗了袁紹的勢力，不但得了天時，亦得人才之智。轉眼之間他便要奪取江東。孫權以其智能和勇氣建立的吳，已歷經三世，國境堅固，民眾心服，曹操若要攻破實非易事。因此要統一天下，奪取江山是不可能的事，但可與孫吳聯合，彼此支援，以抵北方的曹操。」

三分天下之計

「首先要把目光放遠，我們先來看看荊州。荊州北有漢江、沔水的天然屏障；南通南海，有交通之便；東接於吳，且到會稽的道路開通；西方通巴蜀，可說是用武之地。皇叔應知道現代的荊州太守劉表早已年老，喪失了經略的能力。而他的兩個兒子亦是凡庸無奇，根本不是太守的人才。

再看看益州（四川省）。益州的四方有高山圍繞，敵人不易侵入，而中央又有千里平原，可以說是個天府之國。漢高祖便是根據荊州和益州兩處作為統一天下大業的基礎。現在的益州也和荊州一樣，缺乏適當的人才陣守。劉焉的兒子劉璋絲毫沒有洞悉時代的見識，為人無德，連北方的張魯和五斗米教的盜賊也無法消滅。雖然人民眾多，但劉璋沒有御控人民的德術。因此，益州的人民都希望有明者出現來替代這愚王。假如皇叔要完成大業，北讓天時的曹操，南讓地利的孫權，皇叔則惟有求於人和，取得荊州，把巴蜀當作建立基業的發展地，而與曹操、孫權樹立鼎足之勢。」

以上這一段便是有名的「三分之計」。諸葛亮的智謀果然樹立了鼎足之勢。

諸葛孔明

談到三國，自免不了要想到諸葛孔明。孔明的父親珪，曾任太山郡的丞（副縣長），孔明十一歲的時候，父親便逝世了。就在父親入棺發葬的第二天，孔明便帶著七頭羊，開始孤獨的流浪生活。

這幾年的浪跡生涯中，沒有人知道孔明過的是怎麼樣的生活。但在孔明加入司馬徽的門下時，他確已具備成熟且圓融的睿智。

同時，孔明對史書悉誦，對史事亦有另一番新的見解。這與他遊經四方、目睹戰亂的情形自然有著極大的關連，而且最重要的一點還是他能把書上的東西變活的知識予以應用。

在三國鼎足的情況下，孔明也扮演了極重要的角色，他與曹操、孫權等人的鬥智情形更是令人歎為觀止。但是，我們同時也該記取，任何一位不平凡的人物，在他的背後必曾下過苦功。一個人若要成大功、立大業，則不可不埋頭苦幹，因為惟有辛勤播種的人，也才會有歡呼收割。

36 人相學

相貌與命運

接著我們來談談「人相」與人的命運關係，並作為本書的結論。

提到「人相」許多人不免要懷疑其可靠性有多少？但根據皮膚科醫生的研究結果，人的臉部皮膚集合了身體中的敏感神經。因此 一個人的臉部，常可發現一個人的健康狀況是否良好？精神是否愉悅？

美國總統林肯便曾說過：「一個男人超過四十歲後便要對自己的長相負責。」

在林肯當總統的時候，有位朋友推薦了一位男人給他，但林肯不肯採用。他的朋友責問他：「如此有才幹的人為何不用呢？」

林肯回答：「因為我不喜歡他的長相。」

大家一定會說長相與做事有何關係。但事實不然，范蠡若非能觀勾踐之相，繼續留於越國輔佐越王，恐怕也像文種一般遭到殺身之禍呢！

福人吉士之相

關於人相的方法又分為形相、色相和神相三種。不論以那一種方法來看，最重要的便是要能分辨是吉相或凶相。

如果觀察出來的結果是凶相，則不論此人目前的名望、地位如何之高，最好遠離為妙，以免遭受池魚之殃；反之，此人若帶福相，則雖布衣而不可棄之。

至於福相如何？大概包括「曲眉、豐頰、大耳、鞭體、清聲」五種。

「曲眉」便是眉如柳枝彎曲；「豐頰」是雙頰豐滿；「大耳」乃福祿之相，在中國史上，大概以老子和劉備為最；「鞭體」是身能如鞭地柔軟；「清聲」是聲音清脆嘹亮。如果能擁有這五項，便可以說是福相中的福相了。

不過，各位亦不必過分拘泥於此。人的面貌雖是天生而定，但人的運勢是可以改變的。蔣總統經國先生便說過：「一個人應該努力才能及時逢運。」命運的操縱者還在於自己，所謂「人定勝天」、「有志竟成」，惟有努力才能有收穫的。

至於什麼是凶相，在此略微敘述，那便是「體彎、搖頭、蛇行、雀鼠、腰折、項歪」。這些都是不好的相，因此，平時我們便該養成良好而正確的姿勢，要能昂然闊步，起坐端正才好。

面對自己的相貌

一個人的相是隨時都在改變的，並非一成不變至死都是如此。因為即使擁有很好相貌，若是不加以運用亦是枉然，甚至平白辜負了上天造好的相；反之，雖然相貌不甚完美，可以藉著充實內涵來改變氣韻，使自己散發出美的氣息。

莎士比亞曾說過：「上帝給你一具面貌，但你卻造出了另一具面貌。」姑且不論所造出來是美、是醜、是虛、是實，如能針對自己的缺失去彌補，也必能改變無形的命運。因此，不要過分沈迷於相貌的好壞。如能謙沖為懷、寬以待人，嚴以律己，必可免去許多不必要的爭執和災禍。

國家圖書館出版品預行編目資料

『十八史略』給現代人的啟示／陳羲主編
－初版－臺北市，大展，民 2009.03
面；21 公分－（鑑往知來；9）
ISBN 978-957-468-671-1（平裝）
1. 中國史　2. 歷史故事　3. 通俗史話
610.74　　98000386

（鑑往知來 9）

『十八史略』給現代人的啟示

主 編 者／陳　　羲
發 行 人／蔡　森　明
出 版 者／大展出版社有限公司
社　　址／台北市北投區（石牌）致遠一路 2 段 12 巷 1 號
電　　話／(02) 28236031・28236033・28233123
傳　　真／(02) 28272069
郵政劃撥／01669551
網　　址／www.dah-jaan.com.tw
E-mail／service@dah-jaan.com.tw
登 記 證／局版臺業字第 2171 號
承 印 者／傳興印刷有限公司
裝　　訂／建鑫裝訂有限公司
排 版 者／千兵企業有限公司
初版1刷／2009 年（民 98 年） 3 月

定　價／220 元

大展好書　好書大展
品嘗好書　冠群可期

大展好書　好書大展
品嘗好書　冠群可期